PROTEGE TU LUZ

La información contenida en este libro se basa en las investigaciones y experiencias personales y profesionales del autor y no debe utilizarse como sustituto de una consulta médica. Cualquier intento de diagnóstico o tratamiento deberá realizarse bajo la dirección de un profesional de la salud. La editorial no aboga por el uso de ningún protocolo de salud en particular, pero cree que la información contenida en este libro debe estar a disposición del público. La editorial y el autor no se hacen responsables de cualquier reacción adversa o consecuencia producidas como resultado de la puesta en práctica de las sugerencias, fórmulas o procedimientos expuestos en este libro. En caso de que el lector tenga alguna pregunta relacionada con la idoneidad de alguno de los procedimientos o tratamientos mencionados, tanto el autor como la editorial recomiendan encarecidamente consultar con un profesional de la salud.

Título original: Protect Your Light: A Modern, Practical Guide to Energy Protection
Traducido del inglés por María del Mar López Gil
Diseño de portada: Editorial Sirio, S.A.
Maquetación: Toñi F. Castellón

© de la edición original
2022 de George Lizos

© del prólogo
2022 de Diana Cooper

Esta edición se publica por acuerdo con Hampton Roads Publishing Company a través de Yañez, parte de International Editors' Co.

© de la presente edición
EDITORIAL SIRIO, S.A.
C/ Rosa de los Vientos, 64
Pol. Ind. El Viso
29006-Málaga
España

www.editorialsirio.com
sirio@editorialsirio.com

I.S.B.N.: 978-84-19105-29-5
Depósito Legal: MA-1412-2022

Impreso en Imagraf Impresores, S. A.
c/ Nabucco, 14 D - Pol. Alameda
29006 - Málaga

Impreso en España

Puedes seguirnos en Facebook, Twitter, YouTube e Instagram.

 El papel utilizado para la impresión de este libro está **libre de cloro** elemental (ECF) y su procedencia está certificado por una entidad independiente, no gubernamental, que promueve la sostenibilidad de los bosques.

GEORGE LIZOS

PROTEGE TU LUZ

Una Guía Práctica de Limpieza
y Protección Energética

EDITORIAL
SIRIO

Para mi madre. Gracias por apoyarme siempre,
a mí y a mis sueños.

Índice

Nota de los editores: Por razones prácticas, se ha utilizado el género masculino en la traducción del libro. La prioridad al traducir ha sido que la lectora y el lector reciban la información de la manera más clara y directa posible. Incorporar la forma femenina habría resultado más una interferencia que una ayuda. La cuestión de los géneros es un inconveniente serio de nuestro idioma que confiamos en que, más pronto que tarde, se resuelva.

Prólogo

Cuando George Lizos me pidió que escribiera el prólogo de *Protege tu luz*, accedí encantada y enseguida me senté a leerlo. Me fascinó desde el primer instante y fui incapaz de soltarlo.

A medida que se produce el despertar espiritual de un creciente número de personas, y a medida que su luz adquiere intensidad, es importante aprender a proteger dicha luz de una manera eficaz.

Cuando trabajaba de hipnoterapeuta, eliminé muchas dagas psíquicas de los campos energéticos de las personas tal y como describe George. También eliminé varias propias, pero eso fue hace muchos años. Hay algo en la manera de escribir de George que saca a relucir «cosas» enquistadas que han de limpiarse. Así pues, siguiendo las instrucciones que da en el capítulo de la eliminación de dagas, enseguida me acordé de alguien que solía ser muy crítica conmigo y que constantemente hacía comentarios insidiosos; sentí multitud de pequeñas dagas en mi campo energético procedentes de ella. Justo en ese momento, me llamaron por teléfono y me distraje. Sin embargo, al despertarme a la mañana siguiente, ¡de repente vi todas esas pequeñas dagas concentradas en una grande! Fue un *shock*. No obstante, siguiendo las instrucciones de George, utilicé dragones de fuego y unicornios para limpiar toda esa energía que me había estado afectando y noté los beneficios.

Me encanta trabajar con los diferentes dragones elementales; las descripciones que aparecen en *Protege tu luz* son tan detalladas y creativas que literalmente sentí cómo se manifestaban mientras leía. Me eché a reír cuando los silfos, los espíritus elementales del aire, se manifestaron a través de una corriente fresca en la habitación que me envolvió y limpió mi aura.

Como antes de acostarme siempre pido a mi dragón de fuego que levante un muro de fuego etérico alrededor de mí, de mis perros y de mi hogar, el ejercicio de 360 grados propuesto por George me despertó una gran curiosidad. Al escanear mi aura, ¡ahí estaba mi dragón, grande y feroz, haciendo guardia a mi izquierda!

La sección dedicada a proteger la energía en Internet reviste una enorme importancia en los tiempos que corren. A pesar de que resulta relativamente fácil elegir programas de televisión, he aprendido a estar más atenta desde que vi el documental de una vida fascinante, pero oscura. Mientras lo estaba viendo, la pantalla del televisor empezó a desprender una energía negra que me costó repeler y limpiar. Este libro me hizo tomar conciencia de que era necesario que utilizara uno de los escudos protectores que George describe y, mucho más necesario en mi caso, que me protegiera de las omnipresentes redes sociales. Leer los capítulos dedicados al mundo digital me hizo darme cuenta de hasta qué punto estoy permitiendo que toda esa energía penetre directamente en mi campo áurico. Definitivamente, pondré en práctica los procedimientos de limpieza y protección digital que tan claramente se describen.

Este es el libro de protección psíquica y espiritual más claro, completo y accesible que jamás he leído. Todo se explica con sencillez, todas las preguntas que puedan surgir tienen respuesta y los ejercicios y las visualizaciones resultan fáciles de realizar. Te recomiendo sin duda alguna esta guía esencial para asegurarte de proteger tu aura.

DIANA COOPER,
autora superventas de *La maravilla de los unicornios*

Introducción

Eres un trabajador de la luz sensible que realizas tu viaje para descubrir el propósito de tu vida y vivirla con plenitud. Desde que te alcanza la memoria, has sido una persona empática dotada de una capacidad muy desarrollada para captar las emociones de los demás. Como resultado de ello, tus amigos, tu familia y en ocasiones completos desconocidos se abren a ti porque les inspiras confianza y saben que los entenderás y apoyarás.

Tu sensibilidad ha sido una bendición y al mismo tiempo una maldición. Por un lado, la facilidad con la que eres capaz de entender y transmitir las emociones te hace ser un mejor amigo, padre, pareja y maestro. Por otro lado, tu sensibilidad hace que seas proclive a atraer con facilidad la energía negativa de la gente y de tu entorno. A menudo asumes de manera inconsciente los problemas de otros, te contagias de su sufrimiento y lo vives en primera persona. Por consiguiente, te agobias con facilidad, eres incapaz de socializar durante demasiado tiempo, evitas mezclarte con grupos numerosos y necesitas una gran cantidad de tiempo para descansar y recuperar el equilibrio después de compromisos sociales.

A menudo haces comentarios como estos:

- *Vivo en el campo y cuando voy a la ciudad siempre me agobio mucho.*

- *Me siento sin energía cuando tomo el tren en hora punta.*
- *Tengo un compañero de trabajo que me desprecia y a menudo sufro terribles dolores de cabeza después de interactuar con él.*
- *A veces el mero hecho de estar al lado de un desconocido haciendo cola en una tienda hace que después me sienta irritado sin motivo alguno.*
- *Cuando charlo con esta amiga, siento que absorbo parte de su energía.*
- *Casi siempre me siento sin energía después de ir a un hospital.*
- *Me agobia charlar con determinados miembros de mi familia cuando nos reunimos en ocasiones festivas.*
- *Antes, las redes sociales me parecían una manera divertida de conectar con los amigos; ahora, siempre que me conecto, me estreso y se me agota la energía.*
- *Me dio un terrible dolor de estómago después de discutir con una persona en un grupo de Facebook.*

Realizas una práctica de protección energética básica, pero no siempre eficaz para mantenerte a salvo. A menudo purificas tu aura y tu casa con salvia, utilizas cristales para mantener elevada tu energía, pides al arcángel Miguel que te proteja y recurres a escudos de luz blanca cuando te encuentras rodeado de personas negativas. Aunque confías en la eficacia de las herramientas y los procedimientos a los que recurres, en la mayoría de las ocasiones sientes que no siempre son suficientes para mantener tu energía limpia y protegida.

Estás preparado para subir de nivel en tu práctica de protección energética. Quieres entender cómo funcionan los ataques energéticos y aprender a utilizar procedimientos avanzados tanto para limpiar como para proteger tu energía. Estás preparado para ir más allá de los procedimientos de protección energética básicos cortados por el mismo patrón y adoptar un enfoque más complejo y personalizado que te salvaguarde de la negatividad externa y te permita vivir tu vida y perseguir tu propósito con confianza y sin temor. Por encima de todo, quieres conectar con los demás y apoyarlos por medio de tu empatía y tu intuición sin perder el control de tu energía y sabiendo que el hecho de estar ahí para los demás no tiene por qué conllevar un precio.

Te prometo que cuando llegues al final de este libro dejarás de sentirte ajeno, vulnerable o incapaz de afrontar los diferentes tipos de energía negativa, y te sentirás empoderado y con la preparación suficiente; además, dispondrás de un juego de herramientas y procedimientos espirituales que podrás utilizar para limpiar y proteger tu energía tanto en el mundo digital como en el real.

Cómo leer este libro

Dado que *Protege tu luz* ofrece un método práctico de siete pasos para limpiar y proteger tu energía, es importante leer los capítulos por orden. La razón por la que muchos procedimientos de limpieza y protección no funcionan para muchas personas no guarda tanta relación con su eficacia, sino más bien con el hecho de que estas personas carecen de un método estructurado para eliminar la energía negativa.

En primer lugar, no todas las energías negativas son iguales, y por tanto los diferentes tipos de ataduras energéticas requieren el uso de diferentes herramientas y procedimientos de limpieza y protección. En segundo lugar, nuestro campo energético es tan complejo como el cuerpo humano, y por tanto es necesario conocerlo en profundidad. *Protege tu luz* te proporcionará un amplio conocimiento de los diversos tipos de ataduras energéticas y de tu campo energético y te guiará a través de un método comprobado para limpiar y proteger tu energía.

El libro se divide en cuatro partes:

Primera parte: «Fundamentos de protección energética» aborda la necesidad de proteger la energía, los síntomas y vulnerabilidades asociados a los ataques energéticos y el procedimiento de siete pasos para limpiar, proteger y fortalecer la energía. Por otro lado, proporciona las técnicas básicas para protegerte, como centrarte, enraizarte, escanear tu energía para detectar ataques energéticos y sintonizar con tu poder de protección innato.

Segunda parte: «Limpia tu energía» presenta una serie de prácticas basadas en la meditación para limpiar ataduras energéticas, crear una tormenta de silfos, realizar la respiración de dragón, darte una ducha limpiadora con unicornios y elaborar pócimas con agua sagrada para limpiar y purificar tu energía.

Tercera parte: «Protege tu energía» presenta los tres tipos de escudos, el grado de protección que proporcionan y directrices para superponerlos con el fin de garantizar la máxima protección. La energía se protege y fortalece por medio de baños con llama violeta, levantando una pirámide de luz dorada, expandiéndola con el haz de luz arcoíris y creando amuletos y talismanes de protección.

Cuarta parte: «Protege tu energía en Internet» aborda cómo se manifiestan los ataques energéticos a través de las redes sociales y el mundo digital y ofrece prácticas energéticas para la protección, limpieza y salvaguarda de tu presencia en Internet.

Dado que se trata de un libro práctico y que en muchas ocasiones te pediré que utilices lápiz y papel para tomar notas, te vendrá bien disponer de un cuaderno para este viaje. Sea electrónico o en papel, te servirá para reunir todos los procedimientos en un mismo sitio con el fin de realizar un seguimiento de tus progresos y revisar las prácticas cuando sea necesario.

Estamos juntos en esto

Me comprometo firmemente a ayudarte a llegar a la línea de meta y quiero estar a tu lado en cada paso del camino. He aquí lo que puedes hacer para ayudarme a apoyarte en este viaje:

- Únete a mi grupo privado de Facebook, *Your Spiritual Toolkit [Tu juego de herramientas espiritual]*. Se trata de una comunidad segura y de apoyo formada por trabajadores y trabajadoras de la luz con ideas afines embarcados en este viaje contigo. En este grupo puedes formular preguntas, contribuir con tus respuestas y compartir las experiencias con este libro. Yo participo activamente y estaré ahí animándote a lo largo del camino.
- Sígueme en Instagram (@georgelizos) y mantenme informado de tus progresos. Mándame mensajes privados y etiquétame en tus *posts* e historias con el *hashtag* #ProtectYour-Light. Yo leo todos los comentarios y mensajes y respondo personalmente a todo.
- **Descarga los recursos de** *Protege tu luz* **en** George.Lizos. com/PYL. Entre ellos figura una lista de todos los procedimientos del libro, los cuales puedes consultar conforme los realizas, junto con meditaciones guiadas descargables de muchos de ellos.

Espero recibir noticias tuyas y apoyarte a lo largo de tu viaje de protección energética. Confío plenamente en ti y estoy deseando que vivas con tu vibración más elevada.

PRIMERA PARTE

Fundamentos de protección energética

CAPÍTULO 1

¿Qué es la protección energética?

D edica unos minutos a recordar tu niñez. Sin darle demasiadas vueltas, trasládate a tu infancia y hazte una idea de tu visión de la vida en aquel entonces. ¿Cómo te sentías la mayor parte del tiempo? ¿A qué dedicabas el tiempo? ¿Cuáles eran tus aficiones, intereses y sueños? ¿Qué opinión tenías de ti mismo, de los demás y del mundo? ¿Dirías que tu visión del futuro era optimista o pesimista? ¿Cuáles eran tus creencias respecto a la vida? ¿Eran en su mayor parte positivas o negativas?

Ahora, centra tu atención de nuevo en el momento presente y plantéate las mismas preguntas. ¿En qué medida difieren tus respuestas como adulto? Si eres como la mayoría de la gente, tu manera de pensar, de sentir y de responder al mundo se halla a años luz con respecto a la de tu infancia. En algún punto a lo largo del camino te has alejado de tu niño interior amoroso, puro y positivo, y has ido a parar a un mundo de dudas, prejuicios y creencias limitantes.

Esto es debido a muchas razones. Para empezar, te criaste en una sociedad con un marco de normas, estructuras y expectativas. Tus padres, el sistema educativo y el conjunto de la sociedad te inculcaron los patrones del bien y del mal, de lo positivo y lo negativo, de lo correcto y lo incorrecto. Te adoctrinaron para que fueras un buen niño, para que cumplieras las normas y te ciñeras a determinados sistemas y fórmulas que en teoría garantizaban el éxito y la realización personal. Te pidieron que, en vez de guiarte por tu intuición, confiaras en la experiencia y el buen hacer de otras personas.

Con el paso de los años, entraron en juego nuevos factores. Hiciste amigos, fuiste a la universidad, descubriste tu sexualidad, mantuviste relaciones sentimentales, te enzarzaste en peleas y discusiones con amigos, te mudaste, cambiaste de trabajo, viajaste por el mundo, etcétera. Básicamente, en el periodo comprendido entre tu infancia y el momento presente la vida ha ido complicándose cada vez más.

Como resultado de dicha complejidad, te has visto expuesto a toda clase de energías y has conectado con todo tipo de individuos, lugares y cosas. Cada lugar que has visitado, cada persona que has conocido y cada objeto con el que has interactuado han dejado una huella energética en ti que ha definido la persona que eres hoy. Del mismo modo que el océano configura el litoral y cambia constantemente su morfología, el océano energético de tus experiencias vitales te ha configurado y cambiado.

Concretamente, la persona que eres hoy —junto con tus pensamientos, creencias, emociones y actos— y la realidad que vives en el momento presente —tu trabajo, tus relaciones, tu salud y tu calidad de vida en general— son el resultado de la programación, las experiencias y las ataduras energéticas a las que te has expuesto. Aunque tal vez creas que tu actual manera de pensar, sentir y actuar responde a quien realmente eres, lo cierto es que tu verdadera identidad se acerca más a la de tu niñez.

En otras palabras, tu verdadero yo es el niño puro y positivo, amoroso y despreocupado que fuiste antaño. Cuando viniste al mundo, eras consciente de tu felicidad, valía y encanto, y también sabías el propósito de tu vida. Tu intención al venir a este mundo era valerte de esa conciencia para llevar una vida en consonancia. Tu intención era articular pensamientos, sentir emociones y adoptar creencias que cultivaran y expresaran tu verdadera naturaleza. Tu intención era labrarte un porvenir que reflejara el propósito de tu vida y entablar relaciones en consonancia con los valores y creencias de tu alma.

Si ahora mismo no estás viviendo esa vida, entonces no estás viviendo realmente *tu* vida, sino la de otras personas. Estás articulando los pensamientos de otros, sintiendo las emociones de otros, adoptando las creencias de otros, persiguiendo los propósitos de otros y disfrutando de las relaciones de otros. Básicamente, te han arrebatado tu vida.

La protección energética consiste en recuperarla.

¿Qué es la protección energética?

Yo defino la protección energética como el arte de la autenticidad energética. Consiste en identificar y limpiar lo ajeno para poder reconectar con la verdadera identidad y a partir de ahí tomar medidas de protección para salvaguardarla. La protección energética garantiza que lo tuyo es tuyo y que lo ajeno es de los demás. Te ayuda a establecer límites con el mundo exterior para poder controlar las energías que te afectan.

Básicamente, la protección energética te ayuda a llevar una vida más feliz, más auténtica y más gratificante. Al reencontrarte con tu verdadera esencia, empiezas a pensar, sentir y actuar en consonancia con ella. Como resultado, todas las facetas de tu vida cambian a mejor: realizas modificaciones saludables en tu estilo de vida, emprendes acciones positivas para mejorar tus relaciones y das pasos para que tu profesión refleje el propósito de tu vida. Por encima de todo, te sientes seguro en tu periplo por la vida porque sabes cómo salvaguardar lo que creas y protegerte de personas y energías nocivas.

Ataques energéticos y ataduras energéticas

Hay varios términos para describir la huella energética que se impregna en el aura al interactuar con personas, lugares y objetos, así como sus efectos nocivos sobre nuestra salud. Para simplificar, en el libro voy a utilizar los siguientes términos:

Ataduras energéticas: emplearé esta expresión para hacer referencia a todas las huellas energéticas que contaminan nuestra aura y nuestra energía cuando interactuamos con nuestro entorno. También aluden a las ataduras energéticas los términos *suciedad etérica*, *manchas energéticas*, *telarañas etéricas*, *moco áurico* e *intrusiones psíquicas*, entre otros.

Ataque energético: emplearé esta expresión para hacer referencia a cualquier efecto adverso resultado de ataduras energéticas; no se debe confundir con el término *ataque psíquico*, que es un tipo específico de ataque energético. En el capítulo cinco se describen los tipos de ataduras energéticas más comunes.

La protección energética consiste en liberarte de ataduras energéticas tóxicas con el fin de prevenir ataques energéticos por medio de los siguientes pasos:

1. **Identificar:** escanear tu energía y tu aura para detectar las ataduras energéticas que contaminan tu campo energético.

2. **Limpiar:** usar procedimientos espirituales para eliminar las ataduras energéticas de tu aura y evitar así ataques energéticos.

3. **Proteger:** proteger tu aura por medio de escudos energéticos para fortalecer tus defensas áuricas naturales y repeler posibles ataduras energéticas.

Aunque estos son los tres pasos esenciales para la protección energética, en el capítulo seis se describen cuatro pasos adicionales.

Breve historia de la protección energética

Aunque es probable que tu primera referencia de la protección energética fuera a través de libros de espiritualidad, maestros de la Nueva Era, memes de Instagram y comunidades espirituales de Internet, el arte de la protección energética es ancestral. Numerosas civilizaciones de todo el mundo la han utilizado de una u otra manera para limpiar y proteger su energía y la de sus posesiones y seres queridos.

Antiguamente, el principal medio de protección energética era el uso de amuletos y talismanes, los cuales se tratan en el capítulo treinta y cinco. En el antiguo Egipto, los difuntos eran enterrados con amuletos y otros objetos para acompañarlos en su viaje al otro mundo y se colocaban escarabajos sobre los corazones de las momias para protegerlas de ataques en el más allá. Los vivos utilizaban talismanes, amuletos —el ojo de Horus y el cinturón de Isis eran muy comunes— y cristales, así como diversas oraciones y conjuros como protección frente a ataques externos.

En la antigua Grecia, los hechizos y los amuletos se empleaban como maldición y protección respectivamente. Las tristemente famosas «tablillas de la maldición», halladas en el transcurso de las excavaciones llevadas a cabo en la era contemporánea en el Reino Unido, eran maleficios grabados en plomo, piedra y cera que se usaban para pedir a los espíritus que infligieran daño a una persona o a un objeto. Para ello únicamente era necesario pagar a un hechicero, que conjuraba una maldición o maleficio sobre los malhechores. Aparte de maleficios, también se utilizaban amuletos —que a menudo representaban sus intenciones, inscripciones sagradas y figuras de dioses— para protegerse de peligros y daños.

En la Edad Media proliferaron los amuletos protectores con forma de huesos de santos, reliquias de la Santa Cruz y otros objetos como promesa y garantía de protección divina. Muchos de estos rituales de protección de la Edad Antigua y la Edad Moderna se han conservado hasta nuestros días. En la cultura cristiana grecochipriota en la que me crie continúa muy vigente el uso de estos huesos, supuestas reliquias de la cruz de Jesucristo, aceites protectores, oraciones, ensalmos y amuletos como el *nazar* (conocido también como ojo turco u ojo griego) con fines protectores frente a personas y energías negativas.

El arte de la protección energética ha perdurado a través del tiempo y el espacio en respuesta a la necesidad de seguridad y protección del ser humano. A medida que la vida y las relaciones humanas se han vuelto más complejas, hemos adquirido un mayor conocimiento de cómo funciona la energía y también de la protección energética. El objetivo de este libro es ponerte al día en el arte de la protección energética y proporcionarte las herramientas, los procedimientos y los rituales más eficaces.

CAPÍTULO 2

¿Es necesaria la protección energética?

En lo tocante a la protección energética, hay dos escuelas de pensamiento. La primera sostiene que la protección energética es innecesaria. Desde esta perspectiva, dado que somos seres espirituales conectados entre sí dentro de una única red de conciencia divina, es imposible que suframos algún tipo de ataque. Si tenemos presente y sentimos nuestra conexión con todas las personas y el universo como un todo, la posibilidad de sufrir un ataque queda descartada, puesto que no podemos atacar a nuestro propio ser.

En otras palabras, esta escuela de pensamiento sostiene que la protección energética se suscribe en la creencia en la dualidad frente a la no dualidad y aboga por ella. Por tanto, la necesidad de protegernos a nosotros mismos se sustenta en la falsa creencia de nuestro ego en la separación de los demás y del universo y potencia el miedo. Además, dado que nuestro mundo se rige por la ley de la atracción, el hecho de prestar atención a la necesidad de protegerse contra algo *atrae* el ataque en vez de *repelerlo*.

Desde esta perspectiva, la mejor estrategia que podemos adoptar frente a cualquier tipo de ataque energético es cambiar la manera de relacionarnos los unos con los otros abrazando el concepto de unicidad. Esto se consigue elevando nuestra vibración a la frecuencia de nuestro yo superior, que ya es consciente del estado de unicidad y vibra en armonía con él.

El argumento para la protección energética

Aunque estoy de acuerdo en que cuando estamos totalmente conectados a la fuente es imposible sufrir un ataque energético, me suscribo a la segunda escuela de pensamiento, que considera la protección energética una práctica importante y necesaria en la vida cotidiana.

He aquí mis argumentos.

Es imposible estar conectados a la fuente 24/7

Efectivamente, cuando estamos conectados a la fuente tenemos presente nuestra unicidad y, por tanto, no podemos sufrir ataques energéticos. Pero si nuestro destino fuera estar conectados a la fuente 24/7, para empezar no nos habríamos encarnado en este mundo físico; habríamos permanecido como conciencia energética inmaterial disfrutando de nuestra conexión con todo lo existente.

Sin embargo, tomamos la decisión consciente de encarnarnos en un mundo físico de dualidad. Optamos por desconectarnos parcialmente de nuestra unicidad y abrazar nuestro ego: nuestra entidad corpórea, nuestras aficiones y las características de nuestra personalidad. Nuestro objetivo al encarnarnos en diferentes seres humanos en diversos entornos físicos fue enriquecer la vida y expandir la conciencia humana a través de diferentes interacciones.

En efecto, el ego cree en la separación y, por tanto, fomenta el miedo, pero por eso nacimos con alma: para corregir y guiar al ego. La única aspiración de nuestro ego es sentirse seguro y protegido; la protección energética es la forma en la que nuestra alma proporciona dicha seguridad. Cerrar la puerta con llave al salir de casa, crear contraseñas seguras en Internet y evitar salir solo de noche contribuye a infundir seguridad a tu ego. ¿Acaso no harías lo mismo con tu energía?

A veces, es más fácil ceñirse a las creencias que cambiarlas

Como he mencionado anteriormente, tus creencias determinan lo que atraes. Así es como funciona el universo. Desde esta perspectiva, si no crees en los ataques energéticos eres inmune a ellos. Tus creencias son tu recurso de protección más poderoso. Dicho esto, si crees en los ataques energéticos, aunque sea mínimamente, eres vulnerable a ellos.

Cuando empecé a experimentar con la protección energética, me sentí inclinado a cambiar mi creencia respecto a los ataques energéticos con el fin de no necesitar protección. No tardé en darme cuenta de que me costaba más cambiar mi creencia que trabajar con ella. En este caso, el camino más fácil fue aceptar mi creencia en vez de tratar de cambiarla. No me malinterpretes: merece la pena dedicar tiempo a eliminar creencias limitantes de nuestra conciencia, pero consideré que no merecía la pena invertir mi tiempo en esta en particular.

Hemos interiorizado la necesidad de protegernos a lo largo de miles de años de programación. Desde los albores de nuestra civilización, el ser humano ha desarrollado estrategias y métodos para salvaguardar su existencia; hoy por hoy, la industria de la protección mueve miles de millones. Párate a pensar en los hábitos que tenemos, en las medidas que tomamos y en los sistemas y la tecnología que utilizamos para sentirnos seguros. Creamos contraseñas seguras en Internet, cerramos la puerta con llave cuando salimos, nos abrigamos en invierno y nos ponemos crema solar cuando vamos a la playa. Los sistemas legal, militar y policial de cada país se implantaron para garantizar la seguridad de la ciudadanía, al mismo tiempo que se crearon alianzas políticas y militares internacionales para asegurar la coexistencia pacífica entre todos los países.

A mi modo de ver, la necesidad de protegernos está tan grabada en nuestro ADN que resulta prácticamente imposible desprogramarla completamente de nuestra conciencia.

Por qué los *émpatas* y trabajadores de la luz necesitan protección extra

Por todas estas razones, creo que todo el mundo necesita limpiar y proteger su energía a diario. Dicho esto, considero que los trabajadores de la luz han de ser especialmente concienzudos con su práctica de protección energética y utilizar procedimientos más avanzados. He aquí el porqué.

Somos más vulnerables a los ataques energéticos

Como los trabajadores de la luz somos más sensibles a la energía, también somos mucho más vulnerables a los ataques energéticos que la mayoría de la gente. Como consecuencia de ello, nos resulta más fácil sentir y recibir la energía de otras personas y la de nuestro entorno. Esto es, en muchos sentidos, un don, dado que nos ayuda a conectar con la gente a un nivel mucho más profundo. Sin embargo, si lo descuidamos, este don puede convertirse rápidamente en un lastre.

Por otro lado, como vemos la bondad de la gente de manera natural, con frecuencia nos abrimos de corazón, tanto verbal como energéticamente, a quienes tal vez no miren por nuestro interés.

Como resultado de ello, somos objeto de más críticas, envidia y ataques que la mayoría de la gente.

En su camino espiritual, muchos llegan a pensar que protegerse equivale a levantar un muro frente a los demás y al conjunto de la humanidad, lo cual es una tremenda equivocación. En realidad, un *escudo* es un filtro flexible que se adapta a tus necesidades y circunstancias, un límite que garantiza la protección de tu luz para que la uses de la mejor manera posible con quienes la necesiten.

Hoy estamos expuestos a más energía que nunca

En nuestro mundo existe una creciente interconexión, es decir, hoy nos relacionamos con más gente en el día a día que antes, tanto personalmente como a través de las plataformas de redes sociales. Al mismo tiempo, un creciente número de individuos está tomando conciencia de sus habilidades psíquicas y de la posibilidad de emplear la energía deliberadamente. La mayoría de los buscadores espirituales hacen un uso apropiado de sus dotes intuitivas, pero no todos. Por tanto, hoy es más importante que nunca proteger a toda costa nuestra luz y nuestra energía.

La falta de formación espiritual nos hace vulnerables a ataques

A menudo la gente piensa que el mero hecho de haber emprendido un camino espiritual y de realizar un trabajo espiritual automáticamente garantiza su protección, lo cual dista mucho de ser cierto. La meditación, la sanación, la autohipnosis y todas las prácticas y corrientes espirituales, como cualquier otra cosa en la vida, requieren formación. Por lo general, cuando la gente comienza a experimentar con la espiritualidad, normalmente abre su energía con el fin de vivir una experiencia trascendente, pero después no la cierra porque nadie le dice que ha de hacerlo.

Lo cierto es que, cuando emprendes la senda espiritual y te abres a nivel intuitivo y energético es cuando más protección necesitas para poder gestionar la energía y avanzar por el mundo espiritual adecuadamente. Imagínate que te pones al volante de un vehículo sin la preparación adecuada; seguro que serás capaz de circular tranquilamente durante un rato, pero tarde o temprano acabarás teniendo un accidente. Gestionar tu experiencia con la espiritualidad, la energía y la intuición funciona de la misma manera.

Nuestro propósito es sumamente importante

Por último y por encima de todo, es vital que los trabajadores de la luz protejamos nuestra energía porque el propósito de nuestra vida reviste una especial importancia. Tal y como explico con detalle en mi libro *Lightworkers Gotta Work* [Los trabajadores de la luz tienen que trabajar], los «trabajadores de la luz ascendidos» son un grupo especial de almas viejas que han venido a actualizar el *software* energético de la Tierra y a ayudar a nuestro mundo en la transición a la nueva Era Dorada. Si siempre has sentido el firme propósito de hacer de este mundo un lugar mejor, es probable que seas un trabajador de la luz ascendido.

Nuestro propósito colectivo es vital para contribuir a crear el mundo de bondad y amor que vinimos a crear. Por tanto, es muy importante que seamos totalmente dueños de nuestra energía y que esta no se vea afectada por ningún tipo de negatividad externa.

¿Qué opinas? ¿Entiendes la importancia de proteger tu energía? ¿Te das cuenta de que la protección energética no consiste en suscribirse a una creencia en el miedo y el ataque, sino en reconocer y trabajar nuestra humanidad?

Aunque entiendas mi punto de vista y aun así consideres que tu conexión con la fuente divina es suficiente para garantizar tu protección sin necesidad de herramientas adicionales, o si prefieres trabajar para cambiar tu sistema de creencias con el fin de desprogramar tu creencia en los ataques, sigo pensando que es importante que aprendas a proteger tu energía. Disponer de estos recursos en tu juego de herramientas espiritual te ayudará a tomar medidas en el improbable caso de que sea necesario y a guiar a otros que necesiten tu ayuda.

CAPÍTULO 3

Síntomas y vulnerabilidades

S i nunca has limpiado o protegido tu energía, o si rara vez lo haces y tu sistema de creencias contempla la posibilidad de ataques energéticos de cualquier índole, lo más probable es que tu energía se haya visto contaminada por diversas ataduras energéticas y que sea necesario limpiarla y protegerla. (En el capítulo cuatro se explica la mecánica con la que el campo energético atrae ataduras energéticas).

Es importante tener presente que existen diferentes tipos de ataques energéticos, que se manifiestan en diversos grados de intensidad y que, por tanto, se sienten y experimentan de diferentes maneras. Trataremos los diferentes tipos de ataques energéticos y las formas de identificarlos más adelante, pues en este capítulo vamos a centrarnos en reconocer los síntomas comunes de los ataques energéticos y los hábitos y circunstancias que te hacen más vulnerable a ellos.

Cuando entiendas los síntomas habituales de un ataque energético serás capaz de detectar enseguida cuándo estás sufriéndolo y tomar medidas eficaces para proteger tu energía. Familiarizarte con las actividades y situaciones en las que aumenta tu vulnerabilidad te ayudará a discernir hasta qué punto has sido vulnerable a lo largo del tiempo y a evitar que se produzcan dichas circunstancias.

Síntomas comunes de un ataque energético

Como he mencionado anteriormente, la amplia diversidad de ataques energéticos se experimenta en distintos niveles de intensidad y, por tanto, los distintos tipos de ataques provocan síntomas diferentes. No obstante, ¡para proporcionar una lista pormenorizada de estos síntomas no solo se necesitaría un libro entero, sino que sería deprimente para todos! El conocimiento es poder, pero nunca conviene centrarse demasiado en lo negativo de las cosas.

Así pues, he decidido compartir una única lista de los síntomas más comunes de ataques energéticos en vez de centrarme en tipos de ataques específicos. Estos síntomas sirven para hacerse una idea aproximada del grado en el que nos afectan los ataques energéticos; puedes identificar las ataduras energéticas específicas que los causan en el capítulo cinco.

He aquí los síntomas más comunes de un ataque energético:

- Sensación de fatiga y agotamiento.
- Insomnio y pesadillas.
- Hipersensibilidad más allá de lo habitual.
- Sensación de vacío y desánimo.
- Falta de interés en la vida cotidiana.
- Experimentar cambios bruscos de humor y comportamiento.
- Sufrir estados repentinos de ansiedad y depresión sin motivo.
- Mostrar un comportamiento adictivo y obsesivo.
- Padecer una larga serie de dolencias sin que los tratamientos surtan efecto.
- Cometer una serie de errores inesperados, hacer las cosas mal, tener mala suerte y ser proclive a sufrir accidentes.
- Miedo a estar solo.

- Miedo a que los demás te causen algún mal.
- Ser incapaz de relajarse y estar siempre con el alma en vilo.

Es importante entender que muchos de estos síntomas pueden estar provocados por situaciones corrientes que nada tienen que ver con los ataques energéticos, tales como trabajar demasiado, sufrir largos periodos de estrés y aislamiento, o padecer trastornos y problemas mentales. Antes de sacar conclusiones precipitadas, asegúrate de consultar a tu guía interior.

Por regla general, si experimentas al menos cinco de estos síntomas a la vez, es probable que estés sufriendo un caso de ataque energético serio; experimentar de uno a cuatro síntomas puede ser indicativo de un caso de ataque energético más leve. Dicho esto, la ausencia de cualquiera de estos síntomas no significa que seas inmune a las ataduras energéticas o a los ataques, sino que es posible que tus ataduras energéticas todavía no se hayan manifestado como ataques energéticos o que hayas vivido con ellas durante tanto tiempo que te has acostumbrado. A menos que limpies y protejas tu energía a diario, es probable que las diversas ataduras energéticas que contaminan tu aura se manifiesten en ataques energéticos en cualquier momento.

Qué te hace vulnerable a un ataque energético

Diversas situaciones, hábitos y actividades aumentan tu vulnerabilidad ante ataques energéticos, ya sea debilitando y dañando tu campo áurico, sobrecargando tu energía o atrayendo ataques por parte de espíritus inferiores y malas energías.

Actividades y situaciones que debilitan o dañan tu campo energético:
- Abuso de alcohol, tabaco y drogas.
- Enfermedades e intervenciones quirúrgicas.
- Accidentes.
- Hospitalizaciones.
- Trastornos emocionales y *shocks* repentinos.
- Adicciones.
- Agresiones y violencia.
- Depresión.
- Estrés y ansiedad.
- Falta de límites emocionales.

Actividades y situaciones que sobrecargan tu campo energético:
- Meditación e hipnosis.
- Despertar psíquico repentino.
- Participación en actividades y prácticas psíquicas.
- Consumo de sustancias y hierbas psicotrópicas.

Con la preparación y en las dosis adecuadas, es posible practicar todas estas actividades sin correr el riesgo de sufrir ataques energéticos.

Actividades y situaciones que atraen ataques energéticos:
- Consumo excesivo de material de contenido sensacionalista y dramático, como películas, programas de televisión, periódicos y revistas.
- Pasar demasiado tiempo en bares, discotecas y hospitales.
- Adicciones y relaciones de dependencia emocional.
- Uso del tablero güija.
- Participar en rituales de magia negra y ocultismo.

Para protegerte de la mejor manera posible frente a futuros ataques energéticos, es importante limitar estos factores y evitar exponerte a ellos en la medida de lo posible. Si ya lo has hecho en el pasado, es probable que seas vulnerable a los ataques energéticos y que tu campo energético esté contaminado hasta cierto punto. En la segunda parte del libro trabajaremos para identificar y limpiar como es debido las ataduras y los ataques energéticos.

Vulnerabilidades de la primera infancia

Hay ocasiones en las que no es posible proteger nuestro campo energético de ataques porque nuestra aura ha podido verse afectada negativamente en nuestra infancia. Al nacer, el aura no se ha desarrollado por completo y es absorbida por las auras de nuestros padres, especialmente de nuestra madre. Por consiguiente, puede que nos hayan transmitido las emociones, creencias o pensamientos negativos que tuvieran en el momento de nuestro nacimiento y en nuestra más tierna infancia. Además, cualquier problema mental, emocional o físico que nuestros padres experimentaran durante nuestra infancia, como una depresión, un trauma o una intervención de cirugía mayor, puede haber afectado al desarrollo de nuestra aura.

Cuando escaneo la energía de las personas en mis sesiones de limpieza psíquica, a menudo veo que sus auras presentan cicatrices, agujeros o debilitamiento. Cuando sintonizo con estas vulnerabilidades para averiguar su origen, suelo encontrar dramas familiares de la primera infancia, problemas físicos y mentales relacionados con los padres (sobre todo con la madre) y otras experiencias traumáticas o desequilibrios emocionales de la infancia. Estas vulnerabilidades de la niñez dificultan el desarrollo del aura y provocan la atracción de ataques energéticos en años posteriores.

Por suerte, siempre es posible sanar el campo energético y restaurar las defensas áuricas. Los procesos de limpieza y protección de la segunda y tercera partes del libro son un punto de partida para restablecer tu salud áurica, pero para casos más serios tal vez sea conveniente acudir a un profesional de sanación psíquica. Puedes reservar una sesión privada de limpieza psíquica conmigo en https://georgelizos.com/work-with-me.

CAPÍTULO 4

El sistema inmunoenergético

E n el capítulo anterior hemos tratado los diversos síntomas de los ataques energéticos y las circunstancias, situaciones y escenarios que propician que el aura se vuelva vulnerable a ellos. En este capítulo, profundizaremos en la mecánica de cómo estas vulnerabilidades desencadenan ataques energéticos analizando el funcionamiento del campo energético, concretamente de los chakras y el aura.

Los chakras y el aura forman parte del sistema inmunoenergético, que guarda relación con el sistema inmunitario del organismo y es igual de importante. Tu *sistema inmunoenergético* es el responsable de controlar tu interacción energética con las personas y el mundo que te rodean filtrando y metabolizando la energía que absorbes con el fin de protegerte de ataques. Al entender la mecánica del funcionamiento del sistema inmunoenergético, serás capaz de identificar con más precisión las ataduras energéticas existentes en tus chakras y en tu aura para poder limpiarlas y protegerte de ellas.

El aura

Tú eres más que tu cuerpo físico: tienes varios cuerpos más que viven en dimensiones paralelas en el interior y alrededor de tu presencia corpórea. Por lo general, se engloban bajo la denominación de *aura* o *campo áurico*. El aura es la energía vital que impregna a todos los seres animados e inanimados, y su estructura viene determinada por la complejidad de estos seres. Un aura humana, por ejemplo, es más compleja que la de un tenedor o un cuchillo, y puede alcanzar más de un metro alrededor del cuerpo físico.

El aura humana consta de siete capas que se corresponden con los siete chakras y que se extienden hacia fuera desde el centro del cuerpo físico. Según la célebre sanadora energética Barbara Ann Brennan, son los cuerpos *etérico*, *emocional*, *mental*, *astral*, *intuitivo*, *celestial* y *causal*; cada uno tiene finalidades y características específicas. Cada capa, o cuerpo, de tu campo áurico reside en la que la precede y al mismo tiempo se expande más allá de ella.

Gracias a su naturaleza fluida y dinámica, el aura puede propagarse entre los objetos, transmitiendo y recibiendo energía entre ellos. Conforme te mueves por la vida, es tu aura lo que te permite percibir la energía de las personas y los lugares, lo cual posibilita una constante retroalimentación con el mundo que te rodea. Si se queda desprotegida, tu aura funciona como una esponja y absorbe todo tipo de energías de personas y lugares debido a su elevada percepción. Esta energía, que permanece impregnada en tu aura a menos que la limpies, influye en tu manera de pensar, sentir y actuar en el mundo.

Las primeras tres capas áuricas son las responsables de metabolizar la energía relacionada con el mundo natural, mientras que las tres capas superiores guardan relación con el mundo espiritual. La cuarta capa (astral), la central, que está conectada con el chakra corazón, es el hilo conector que se ocupa de la transmisión de la energía entre el mundo natural y el espiritual.

Los ataques energéticos suelen manifestarse en las tres primeras capas, pues son las que más se ven influidas por nuestras vivencias y los puntos de vulnerabilidad que he tratado en el capítulo anterior. Durante un ataque energético, sea consciente o inconsciente, el agresor detecta una vulnerabilidad en una de las capas áuricas y envía energía negativa o merma la energía vital positiva. A continuación, esto afecta a otras capas áuricas, los chakras y el cuerpo físico, provocando los efectos adversos y síntomas de los ataques energéticos que he mencionado anteriormente.

Los chakras

Los *chakras* son centros de energía con forma de rueda y ubicaciones específicas en el centro del cuerpo que funcionan como canales de comunicación entre el plano físico y el espiritual. Tienen la apariencia de pétalos de loto de diversos colores que giran a distintas velocidades conforme transmiten energía vital a través de los cuerpos físico, emocional, mental y espiritual. Son esenciales para el bienestar de la mente, el cuerpo y el espíritu.

El cuerpo tiene siete chakras principales, cada uno de los cuales controla un conjunto específico de cualidades físicas, emocionales, mentales y espirituales de tu ser. Son el chakra raíz, el chakra sacral, el chakra del plexo solar, el chakra corazón, el chakra de la garganta, el chakra del tercer ojo y el chakra corona. Cada uno de ellos consta de siete capas, que se corresponden con las siete capas del aura. En mi primer libro, *Be the Guru* [Sé el gurú], puedes encontrar más información sobre las características de cada chakra.

Cualquier tipo de ataque energético que reciba tu aura penetra hasta el núcleo de tus chakras porque las siete capas de tu aura son extensiones de tus siete chakras. Del mismo modo, como canales entre tu presencia corpórea y el mundo energético y espiritual que te rodea, tus chakras son como esponjas que absorben la energía de los demás y del entorno.

Aunque cada uno de los siete chakras tiene sus propias características y energías y se ubica en una parte diferente del cuerpo, todos están conectados entre sí. Como todos los chakras están conectados en zigzag por medio de un canal energético, si uno sufre un ataque podría impactar en todo el sistema.

Las drogas, el alcohol o las prácticas espirituales sin supervisión pueden alterar los chakras y el exceso de ataduras energéticas puede contaminarlos o bloquearlos. De manera similar al aura, los chakras también pueden verse afectados por la negatividad de tus padres durante tu infancia. De pequeños, nuestros chakras están totalmente abiertos, sin filtro protector para cribar la energía que recibimos; están protegidos por los campos energéticos de nuestros padres. Por tanto, puede que los pensamientos, emociones, creencias o experiencias de tus padres se hayan transmitido a tus propios chakras, hayan entorpecido su desarrollo y te hayan hecho más vulnerable a los ataques energéticos.

Si a lo largo de tu vida no has limpiado y protegido como es debido tus chakras, es posible que todas las ataduras energéticas que has atraído a lo largo del tiempo sigan ahí, enturbiando, obstruyendo y mermando tu energía. Cuando escaneo con mis dotes de clarividencia la energía de las personas sin que hayan realizado ningún tipo de limpieza previa, a menudo veo sus chakras densos y amorfos, enturbiados por suciedad y ataduras energéticas. Presentan colores oscuros o pálidos, una frecuencia vibracional baja y una rotación/metabolización lenta. Por lo general, el aura contaminada se asemeja a una esponja sucia cargada de energía negativa, manchada de telarañas etéricas y moco áurico. En vez de presentar contornos definidos, las capas se mezclan entre sí e interfieren en las funciones y propiedades de las demás. De manera similar a los chakras, la energía del aura contaminada tiene una apariencia débil y vulnerable.

CAPÍTULO 5

Tipos de ataduras energéticas

Como he comentado en capítulos anteriores, a medida que crecemos y vivimos la vida, nos exponemos a diversos tipos de ataduras energéticas y probablemente los atraemos. Si no las has limpiado conscientemente, tu campo energético estará contaminado en mayor o menor medida, de modo que interfieren en tu manera de pensar, sentir y actuar.

Lo que no he mencionado anteriormente es que muchas ataduras también pueden guardar relación con existencias anteriores, ya sean vidas pasadas o el tiempo transcurrido entre unas y otras. En el transcurso de las sesiones de limpieza psíquica que realizo, a menudo encuentro cordones de apego con vidas pasadas, votos y contratos kármicos que la gente ha suscrito en vidas pasadas e incluso espíritus y guías con los que han pactado en el mundo espiritual y que permanecen con ellos en el presente. También veo cordones que los unen a antepasados que jamás han conocido, a lugares donde jamás han estado y a experiencias que jamás han tenido en su existencia actual, pero con los que aún mantienen un vínculo que les afecta en el presente a través del ADN ancestral.

Tal vez te preguntes cómo es posible que algo que ocurrió en una vida pasada o en el mundo espiritual influya en tu manera de pensar en el aquí y el ahora, sobre todo si no tienes recuerdos de dichos sucesos. En el mundo espiritual, no somos únicamente nuestra existencia presente: somos todas las existencias que hemos vivido. Nuestra alma trasciende la realidad del espacio-tiempo presente y es consciente del conjunto de experiencias que hemos vivido en todas nuestras vidas pasadas, así como en las existencias intermedias. Como consecuencia de ello, la persona que eres en esta vida es el resultado de la suma de cientos, si no miles, de vidas pasadas.

En este capítulo, voy a tratar los tipos de ataduras energéticas más comunes que guardan relación con tu vida presente y tus vidas pasadas. Son las que veo con más frecuencia cuando escaneo y limpio con técnicas de clarividencia, y las que más interfieren en tu energía.

Conforme vayas leyendo los diferentes tipos de ataduras energéticas, es fácil que te dejes llevar por el miedo y te sientas abrumado, de modo que sé consciente de ello. Ten presente que estás formándote en el tema con el fin de protegerte cuando sea necesario. Que no te quepa duda de que tienes el control de tu ser y de que estás tomando medidas para conservar este control de una manera activa. Si empiezas a sentirte abrumado o temeroso mientras lees este capítulo, haz una pausa y entretente con algo que te enraíce y empodere.

Patrones de pensamiento colectivos

Cuando un grupo numeroso de personas piensa y siente las emociones de manera similar, de una forma sólida y sostenida que lleva aparejados comportamientos y acciones, se crean nubes energéticas que se conocen como *patrones de pensamiento colectivos*, los cuales impregnan la atmósfera psíquica del mundo y buscan patrones vibracionales similares a los que adherirse. Con el paso del tiempo, a medida que crece el número de individuos que se suman a dichos patrones de pensamiento, aumenta el tamaño y el poder de estas nubes energéticas, que funcionan como imanes con aquellos que tienen una frecuencia vibracional similar. A medida que las personas se adhieren a estos campos energéticos, se alimentan de un fluir incesante de pensamientos y emociones similares, lo cual provoca que generen aún más negatividad, que a su vez alimenta el patrón de pensamiento. Como resultado de ello, se crea un círculo vicioso de negatividad que sustenta su control y su poder.

Cada vez que te sientes muy bajo de ánimo durante un largo periodo de tiempo, te conviertes en un objetivo vibracional para la nube energética de emociones y pensamientos negativos y corres el riesgo de quedar atrapado en el patrón de pensamiento colectivo. A menos que hagas algo para elevar tu vibración, puede que al final te adhieras al patrón de pensamiento y comiences a recibir una cascada incesante de ideas, emociones, impulsos y creencias que inciden en tu estado vibracional.

¿Alguna vez has vivido una situación en la que de pronto has empezado a tener una fobia irracional a algo? A lo mejor de la noche a la mañana te da miedo volar, cruzar un puente o nadar en el mar. Si llevas a cabo un proceso de ingeniería inversa del desarrollo de esa fobia, es probable que descubras que anteriormente has experimentado una emoción asociada a la fobia durante un periodo sostenido de tiempo. A lo mejor el ver una de esas espantosas películas de accidentes aéreos ha sido el desencadenante de tu miedo a volar, el cual has alimentado con pensamientos y emociones similares, relacionados o no, con volar. Debido a ello, te has adherido al patrón de pensamiento colectivo creado por todas las personas que han tenido miedo a volar a lo largo de la historia de la humanidad y has permitido que eso te supere.

El poder y la influencia de cada patrón de pensamiento colectivo depende del grado en el que la gente ha experimentado emociones y pensamientos afines a lo largo del tiempo. Ciertos patrones de pensamiento son tan poderosos que se asemejan a monstruos enfurecidos que acechan en el ambiente para cazar a personas y conectar con ellas con el fin de satisfacer su hambre insaciable. Así, cuando tu vibración es baja aumenta el riesgo de que te influyan, aunque no estés atrapado en ellos.

Estos patrones de pensamiento suelen tener un desarrollo largo y trágico. Piensa en la energía que flotaba en el 11-S, en los campos de concentración nazis, en las guerras mundiales y en cualquier otra tragedia a gran escala. Estos acontecimientos han creado y fomentado los patrones de pensamiento colectivos impregnados en las ciudades y lugares donde se produjeron. Flotan no solo en las capas superiores de la atmósfera psíquica, sino también en el tejido de la vida cotidiana, influyendo en distinta medida en las personas que entran en contacto con ellos.

Con todo, el aura colectiva del planeta es un reflejo de cómo ha pensado y sentido el conjunto de la humanidad a lo largo de miles de años. Del mismo modo que existen patrones de pensamiento colectivos negativos, también existen patrones positivos a los que podemos adherirnos con la misma facilidad.

Ataques psíquicos

También conocido como mal de ojo o maldición, un *ataque psíquico* se produce cuando alguien transmite una fuerte corriente de energía negativa a una persona, sea de manera consciente o inconsciente. Esto normalmente ocurre cuando ese alguien siente fuertes emociones negativas hacia esa persona, por lo general rabia o envidia. Los individuos con enfermedades mentales, adicción a las drogas o poseídos por los espíritus también son proclives a atacar a otros a nivel psíquico, aunque por lo general lo hacen de manera inconsciente. Dada la intensidad de la energía que posee un ataque psíquico dirigido a alguien, se trata de uno de los tipos más nocivos de atadura energética. Por lo general, este tipo de ataque causa daños físicos además de mentales y emocionales, y los síntomas pueden durar desde una hora a días, a veces semanas.

Los ataques psíquicos suelen ser más serios cuando mantienes una relación con esa persona, ya que el cordón de apego que tienes con ella le brinda acceso a tu energía. No obstante, los ataques psíquicos también pueden darse entre completos desconocidos y con independencia de los límites espaciales. Esto es debido a que la energía trasciende el tiempo y el espacio: puede llegar a cualquier persona o cosa con la debida concentración e intención.

Si eres clarividente, es probable que veas huellas de ataques psíquicos en forma de dagas etéreas, puñales y otros tipos de armas convencionales en tu espalda y en las de otros. Tal vez también las percibas en forma de energía, telarañas o manchas energéticas. Asimismo, estas dagas pueden manifestarse como sentimientos y sensaciones, de manera similar a los ejemplos que figuran en el capítulo tres.

Maldiciones y contratos kármicos

Dado que la energía puede viajar a través del tiempo y el espacio y que tú eres el conjunto de todas tus existencias anteriores, es posible que los contratos y votos que hiciste en vidas pasadas, así como las maldiciones o los ataques psíquicos de los que hayas sido objeto, aún te estén afectando en tu vida presente.

Cuando escaneo la energía de la gente, a menudo veo *votos* y *contratos kármicos* en forma de ataduras y nudos etéricos en varios puntos de sus campos energéticos. Con frecuencia se trata de contratos de pobreza, sufrimiento, victimismo y celibato que la gente suscribió en vidas pasadas debido a su profesión, a juramentos y a experiencias traumáticas. El compromiso de reprimir y coartar las dotes intuitivas es un voto kármico común entre los trabajadores de la luz. A menudo lo percibo en forma de nudo etérico alrededor del chakra del tercer ojo, símbolo de la promesa que muchos trabajadores de la luz hicieron en vidas pasadas de negar sus dotes intuitivas y sanadoras al ser testigos de la persecución o sufrirla en carne propia por obrar su magia.

Yo personalmente hice el voto kármico de negar mi energía femenina a raíz de que alguien me apuñalara en la matriz y asesinara al bebé que llevaba en mi vientre en una vida pasada. A partir de ese momento, hice el juramento de renunciar a mi energía femenina y abusar de mi energía masculina en cada vida posterior. Como consecuencia de ello, en esta vida estuve a punto de suicidarme porque era incapaz de aceptar mi homosexualidad (mi energía femenina) y, posteriormente, me consumí trabajando sin descanso, abusando de mi energía masculina. Puedes leer la historia de cómo recurrí a la regresión a vidas pasadas para liberarme de este contrato kármico en mi libro *Lightworkers Gotta Work*.

Muchos contratos kármicos son ancestrales en el sentido de que no fueron iniciativas nuestras de una vida anterior, sino heredados de nuestros antepasados. Los genetistas hablan de un karma genético formado por actitudes, expectativas, recuerdos, vivencias y contratos que el linaje ancestral transmite a través del llamado *ADN basura*. Los contratos ancestrales crean miedos y expectativas de que se cumplan los temores o las intenciones de un antepasado, haciendo que las personas se sientan temerosas y en alerta constante sin motivo aparente.

Las *maldiciones kármicas* son similares a los contratos kármicos en el sentido de que fueron creados en una vida pasada y siguen afectando a la presente. La diferencia es que, por lo general, los contratos kármicos se realizan por voluntad propia, mientras que las maldiciones kármicas normalmente son fruto de otras personas. Estas maldiciones son ataques psíquicos que perduran vida tras vida.

Traumas de vidas pasadas

Algunos *traumas de vidas pasadas* pueden crear contratos kármicos, pero no todos: normalmente crean expectativas y cordones de apego kármicos que llevamos en nuestra existencia presente. Muchos trabajadores de la luz, por ejemplo, tememos ser rechazados y perseguidos en nuestra existencia presente a consecuencia de la gran cantidad de vidas pasadas en las que sufrimos la persecución como brujos, curanderos y clarividentes. Por ello, evitamos compartir nuestras dotes y mantenemos la magia a buen recaudo. Estas expectativas, fruto de traumas sufridos en vidas pasadas, se acumulan en nuestro campo energético en forma de moco áurico o cordones de apego con vidas pasadas (profundizaré en ello en un apartado más adelante) que influyen en nuestra manera de ser.

Como regla de oro, creo que en cuanto una vida llega a su fin, la energía se renueva e iniciamos una nueva existencia a partir de un lienzo en blanco. Por lo general, la razón por la que ciertos contratos, maldiciones o traumas de vidas pasadas persisten es que hay una lección que debimos aprender en una vida anterior y no lo hicimos, que hay una lección que aprender para la que necesitamos más de una vida o simplemente que no nos dio tiempo a sanar una maldición, un contrato o un trauma de una vida anterior y a liberarnos de ello en el periodo comprendido entre una existencia y otra.

La posesión psíquica

La *posesión psíquica* es un estado grave pero poco común durante el cual un espíritu inferior e incluso un alma errante se apodera de un cuerpo hasta tal punto que provoca cambios de comportamiento extremos. Entre los síntomas de una posesión psíquica, que difieren considerablemente de los síntomas de otros tipos de ataques energéticos, figuran el desapego emocional, el comportamiento extraño y destructivo, las reacciones totalmente fuera de lugar, la pérdida de memoria, las conversaciones en las que dos voces pugnan por hacerse oír y una mirada extraña en los ojos de las personas.

La posesión se produce cuando hay una vulnerabilidad o apertura importante en el aura a causa del abuso de drogas y alcohol, el agotamiento o desgaste, o la renuncia al poder personal. Este estado a menudo se diagnostica como un trastorno mental, por ejemplo, esquizofrenia o trastorno de personalidad múltiple, lo cual sin duda puede ser el caso puesto que la gente que sufre estos trastornos dispone de pocas defensas contra los ataques psíquicos.

La posesión psíquica suele confundirse con la canalización, pero no pueden ser más diferentes. Mientras que en la posesión psíquica un espíritu inferior se apodera del cuerpo de alguien por la fuerza a través de una abertura en el aura, en la *canalización* una persona con un campo áurico sano invita conscientemente a un espíritu amoroso y bondadoso para que fluya a través de ella y la guíe. Por medio de la canalización, el espíritu no se apodera totalmente del cuerpo de la persona ni en contra de su voluntad, sino que transmite su energía a través de pensamientos, visiones, sonidos y emociones.

También hay que subrayar que, a pesar de las frecuentes escenas de posesión psíquica que aparecen en las películas y series de televisión, es un estado muy poco común que jamás he presenciado ni experimentado personalmente. Dada la gravedad y rareza de este estado, tratar la posesión psíquica excede el ámbito de este libro y requiere la ayuda de un profesional con experiencia. A la hora de buscar ayuda en un caso de posesión, es importante que el profesional elegido no se limite a expulsar al espíritu, sino también a hacerlo como es debido, pues de lo contrario el espíritu buscará otro huésped.

Ataduras psíquicas

La *atadura psíquica* es una forma de posesión psíquica mucho más leve en la cual una persona viva, un espíritu inferior, un alma errante o incluso un objeto se adhiere al aura de una persona e influye en su comportamiento. Similar a la posesión psíquica, se produce cuando hay una vulnerabilidad en el campo energético del individuo, por ejemplo, una brecha o abertura en el aura a consecuencia del abuso de drogas o alcohol, de la ingesta de ciertos medicamentos prescritos o de periodos de fuertes emociones negativas, como el estrés, el agotamiento, el trauma y la depresión. Esto permite que un ente externo se enganche a su aura, le chupe la energía vital e influya en sus pensamientos, emociones y comportamiento.

A menudo soy testigo de episodios de ataduras psíquicas en bares, discotecas o dondequiera que se abuse con frecuencia de las drogas y el alcohol. Por lo general, en estos lugares hay multitud de espíritus inferiores y almas errantes al acecho de humanos borrachos y drogados para adherirse a ellos con el fin de alimentarse de la energía vital de estos. Los *espíritus inferiores*, también conocidos como *entidades astrales*, son entes creados a partir de los patrones de pensamiento negativos de la gente y su existencia solo es posible cuando se alimentan de la energía negativa de un ser humano.

Las *almas errantes* son difuntos que no fueron capaces de realizar su transición completa, a menudo debido a su fuerte dependencia a un hábito, una sustancia o una persona de la Tierra, y que vagan en el plano terrestre apropiándose de la energía de quienes tienen dependencia de los mismos vicios (por ejemplo, drogas, alcohol, tabaco, miedo, estrés, depresión, dependencia emocional, etcétera).

Por mi experiencia, esta forma de atadura espiritual es muy común. En muchas de las sesiones de limpieza psíquica que he llevado a cabo, he presenciado y he tenido que eliminar espíritus inferiores, y a veces almas errantes, que se encontraban firmemente adheridos al aura de la gente, en ocasiones desde hacía años, alterando su psique. Personalmente he identificado y me he liberado de multitud de entes de mi propio campo energético que había atraído en mi etapa universitaria, cuando me emborrachaba y salía de fiesta a bares y discotecas, así como durante la depresión que sufrí cuando era muy joven y estuve a punto de suicidarme.

Otra forma de atadura psíquica que normalmente pasa desapercibida es la causada al tener objetos con carga psíquica. Por lo general, se trata de objetos antiguos heredados, comprados o regalados que poseen una gran cantidad de energía residual (en el siguiente apartado trataremos la energía residual), hasta tal punto que dicha energía se impregna en el aura y puede influir en el comportamiento. ¿Te acuerdas del diario de Tom Riddle en *Harry Potter y la cámara secreta*? Eso fue una atadura psíquica en toda regla causada por un objeto.

La *violación psíquica* es otro tipo de atadura psíquica a la que no se le da demasiada divulgación y que sin embargo es, con diferencia, la más frecuente. La violación psíquica se produce cuando fantaseamos sexualmente con otra persona o cuando alguien fantasea con nosotros. Recuerda que la energía trasciende el tiempo y el espacio, de modo que siempre que tenemos fantasías sexuales con alguien le transmitimos esa energía y creamos un gancho energético que mina su energía vital. Habrá quienes argumenten que, puesto que estas fantasías se recrean en el plano mental y se circunscriben a este, en realidad no hacen mal a nadie. No obstante, cuando en estas fantasías entra en juego una persona, se invade su espacio energético.

Energía espacial residual

Para mi tesis de diplomatura en Geografía Humana, decidí comprobar si el espacio físico absorbe las experiencias del ser humano y las almacena en la memoria de su éter o si instilamos recuerdos de manera consciente en la energía de un espacio físico por medio del color, el simbolismo o el comportamiento. Para constatar mi hipótesis, me dirigí a Ledra Street, una calle de mi ciudad natal en Chipre con tres tramos diferenciados, cada uno con un fin y un uso específicos. El primer tramo pertenece a la parte meridional grecochipriota de Nicosia, el segundo se ubica en la zona de la ciudad ocupada por los turcos, y el tercero, el tramo central, es una zona neutral controlada por Naciones Unidas. Este tercer tramo es el más interesante porque ha permanecido intacto desde la guerra de 1974, que condujo a la ocupación de Chipre por parte de Turquía.

Para estudiar los tres espacios, entrevisté a los transeúntes y empleé técnicas de observación participante y de *psicometría*, que consiste en realizar una medición psíquica de la energía de un espacio para conocer la memoria impregnada en cada parte. En mi recorrido por las zonas grecochipriota y turca de la calle, capté energías y recuerdos de la gente con la que me cruzaba, energías que habían dejado otros que ya no estaban presentes y todos los recuerdos construidos que dejaron su impronta en la calle los diversos bares, cafeterías y restaurantes. Me vinieron a la mente pensamientos y experimenté emociones que en parte me eran ajenos y que eran fruto de la manipulación de las marcas comerciales o que me transmitieron otras personas que se habían sentido de una determinada manera mientras paseaban por esa calle.

Sin embargo, cuando empecé a recorrer el tramo de la calle controlado por la ONU y conecté con la energía que desprendía, casi automáticamente me asaltaron recuerdos de disparos, gritos y gente huyendo presa del pánico. La guerra de 1974 se reprodujo en bucle en mi cabeza con tal intensidad que me puse a temblar y a llorar descontroladamente. ¡Tuve que dar por finalizado el día!

En mi tesis, concluí que el éter del espacio físico absorbe y almacena la memoria, pero las personas y los comercios también pueden instilarla en un espacio, sea consciente o inconscientemente. Hoy denomino a estos dos tipos de memoria *energía espacial residual* y considero que son las formas de atadura energética más comunes y frecuentes, pero también más sutiles.

Cada vez que te mueves por un espacio físico, incluida tu propia casa, dejas una huella energética de tu estado de ánimo en el éter de ese espacio y al mismo tiempo absorbes las huellas energéticas residuales que han dejado ahí otras personas o que las marcas comerciales han creado adrede. En su grado más extremo, la energía espacial residual puede provocar un *ataque psíquico*, que se produce al entrar en contacto con una profunda huella residual negativa que alguien ha dejado a su paso. Por ejemplo, si alguien tuvo un fuerte enfrentamiento o si se cometió un asesinato en una esquina de una calle y da la casualidad de que pasas por esa esquina, podrías acabar sufriendo un ataque psíquico debido a la fuerte energía latente.

Cordones de apego tóxicos

Los *cordones* son vínculos que tienes con personas, lugares, objetos, creencias o vidas pasadas, así como vínculos que otros tienen contigo. La medida en la que estos lazos nos afectan positiva o negativamente depende de la salud y calidad de esas relaciones. Cuando la relación entre dos partes es positiva, se produce un intercambio beneficioso de pensamientos, palabras y emociones, mientras que en los lazos de relaciones tóxicas se produce un intercambio nocivo de pensamientos, palabras y emociones, como la rabia y los celos. Desde el punto de vista energético, estos lazos tienen la apariencia de cordones etéricos que unen a las partes y propician este intercambio.

Muchas personas no consideran los cordones de apego tóxicos una forma de ataque energético porque a veces somos nosotros quienes decidimos crearlos. Yo personalmente opino que estos cordones son una de las formas más poderosas de ataque energético *precisamente* por eso. Dado que es imposible sufrir un ataque energético cuando nos encontramos en un estado de unión y conexión con nuestro yo interior, es nuestro ego, no nosotros, el que decide crear un vínculo tóxico con alguien o algo. Por tanto, los cordones de apego tóxicos pueden considerarse ataques energéticos autoinfligidos, lo cual dificulta su visualización, identificación y eliminación.

Resulta sumamente difícil hacer frente a los cordones de apego tóxicos y defenderse de ellos, puesto que no se trata de algo que se crea a diario, sino que estos lazos negativos son fruto del tiempo y el esfuerzo que hemos dedicado a cultivar relaciones con personas, lugares, objetos, creencias y vidas pasadas. Por tanto, siempre estamos unidos a estos cordones que se alimentan de nuestra energía y la merman hasta agotarla. Por regla general, cuanto más larga e íntima es la relación, más fuerte es el cordón de apego, más difícil resulta cortarlo y más serias son las consecuencias negativas si ese vínculo se vuelve tóxico mientras el cordón de apego se mantiene intacto.

Tipos de cordones

Aunque existe una amplia diversidad de cordones de apego tóxicos, los principales son los lazos existentes con miembros de la familia, antepasados, amigos y conocidos, parejas y amantes, desconocidos, mascotas, lugares, creencias y vidas pasadas. Los cordones de apego se vuelven tóxicos cuando la relación se deteriora en algún sentido, sobre todo cuando se vuelve dependiente, manipuladora, controladora, connivente o posesiva.

He aquí cómo puedes identificar los tipos de cordones de apego tóxicos más comunes.

«Amigos» y conocidos tóxicos

A veces, los cordones de apego tóxicos no se vinculan con relaciones de amistad que se han enrarecido sino con personas que fingen ser amigas pero que en realidad son vampiros energéticos o emocionales. Por lo general, estas personas no se sienten queridas ni dignas debido a un trauma profundo. En vez de realizar el trabajo interior necesario para sanar y superarlo, utilizan a otros individuos como fuente de luz pegándose a ellos y alimentándose de su energía. Estos son los «amigos» que tratan de agradarte para acercarse a ti con el único propósito de abrumarte con su eterno drama, que jamás te preguntan cómo te encuentras, que te piden consejo constantemente pero no les interesa recibirlo y que reclaman tu atención, apoyo y ánimo sin cesar. Después de interactuar con ellos, a menudo te sientes agotado, bajo mínimos, y necesitas pasar un día entero a solas para recuperarte.

Es importante tener compasión con estas personas, pues solo actúan movidas por su sufrimiento interior, y su dependencia es una llamada de auxilio. Sin embargo, también es necesario que asumas el hecho de que solo te relacionas con ellas porque te ayudan a validarte y reafirmarte frente a alguna carencia personal. Es posible que ayudándolas y aconsejándolas te sientas querido, digno o necesitado, o que ello satisfaga una llamada interior hacia una labor que conlleve empoderar a los demás. Antes de cortar estos cordones de apego, es importante que de entrada mires hacia tu interior con honestidad y mantengas una conversación contigo mismo acerca de las razones por las que has dejado entrar a estas personas en tu vida.

Desconocidos

Es habitual que los cordones y lazos de apego se adhieran a tu campo energético al cruzarte con completos desconocidos por la calle o al conectarte con alguien en Internet, a pesar de que jamás hayas mantenido una relación con esas personas. Si hay alguna vulnerabilidad en tu campo energético, las intenciones y la energía que diriges hacia ti la gente pueden crear un cordón de apego que te perjudique. No obstante, los cordones de apego que se crean con desconocidos suelen ser más frágiles que los que se crean con personas con las que has interactuado o te has relacionado, de ahí que resulte más fácil soltarlos.

Cordones de grupo

En mis sesiones de limpieza psíquica, a menudo también veo cordones de apego de grupo que unen a dos o más personas que han compartido experiencias, como es el caso de una pandilla de amigos, una pareja, un grupo de un programa de formación, etcétera. La trama que presenta un cordón de grupo refleja la dinámica y calidad de las relaciones de este, de modo que es posible que cada miembro tenga varios cordones que se extienden a grupos más pequeños dentro del cordón de grupo matriz. Con frecuencia, muchos cordones de grupo constan de un cordón principal que ejerce control sobre otras personas, por ejemplo cuando un grupo depende de un líder o maestro en cursos y programas *online*.

Dependiendo de la naturaleza de los cordones de grupo, a menudo se asemejan a telarañas con diversas formas y tramas; los nodos e hilos energéticos determinan la naturaleza de las relaciones y el intercambio de energía entre los distintos integrantes. Los cordones de grupo proporcionan una increíble fuente de apoyo energético cuando la dinámica del grupo funciona de manera sana, pero cuando la relación del grupo se deteriora o cuando varios integrantes mantienen una disputa, estas tensiones pueden afectar a la energía colectiva del cordón del grupo y provocar un ataque energético.

Parejas y amantes

Los cordones de apego con las personas con las que hemos mantenido relaciones sentimentales duraderas son especialmente fuertes y, cuando se rompe la relación, pueden volverse enormemente tóxicos. Estos cordones, que en su momento sirvieron de canales para transmitir pensamientos y emociones del amor existente entre dos personas, acaban convirtiéndose en medios para transmitir la ira, el resentimiento y el ataque energético hacia el otro. Cuanto más dura haya sido la ruptura y más sentimientos de ira, resentimiento o traición queden sin resolver, más tóxicos y debilitantes pueden ser estos cordones. Aun cuando no te comuniques ni mantengas el contacto con la otra persona, tus cordones energéticos mantienen abiertos los canales de comunicación y, a menos que los cortes, estos lazos pueden chupar y manipular tu energía.

Al margen de lo breve que sea el encuentro, el sexo esporádico también crea cordones de apego. Cualquier contacto que se tenga con alguien a nivel íntimo o emocional conlleva un intercambio de energía. Cuando este intercambio se realiza de manera consciente y deliberada, como es el caso de las relaciones sexuales esporádicas, se crea un cordón con esa persona. Aunque puede que estos cordones no sean tóxicos, brindan acceso al campo energético mutuo, lo cual puede provocar que te vampiricen la energía y que seas objeto de violaciones psíquicas.

Por otro lado, cuando el encuentro sexual se produce de manera no deliberada y en contra de la voluntad propia, como es el caso de los abusos sexuales y las violaciones, el cordón de apego que une al agresor con la víctima también puede vampirizarle la energía y causar una manipulación energética y una violación psíquica, y por tanto impedir que la víctima sane y siga adelante.

Mascotas

Además de los cordones de apego que tienes con los seres humanos, es posible que también los tengas con mascotas y otros animales con los que te une un estrecho vínculo. Aunque la relación que mantenemos con nuestras mascotas rara vez es tóxica (a menos que nos hayan causado algún daño físico), por lo general es nuestra dependencia emocional con ellos lo que obstaculiza nuestro bienestar.

Irina acudió a mí después de perder a varios de sus gatos a causa del cáncer en un corto periodo de tiempo. Como sabrás si tienes o has tenido una relación estrecha con una mascota, estas relaciones son igual de fuertes que las que se traban con humanos, a veces incluso más. La razón por la que Irina se encontraba tan afligida meses después de perder a sus gatos era que se resistía a cortar los lazos que la conectaban con la *cualidad física* de esos animales. Esta distinción es importante. Los cordones que la unían con los espíritus de sus gatos eran positivos y le permitían comunicarse con ellos en el mundo espiritual. Sin embargo, también tenía cordones de apego con su presencia física en casa, cosa que le provocaba un gran sufrimiento. Tras realizar un trabajo de limpieza, consiguió cortar esos cordones de apego, aceptar su pérdida y trascender para mantener una relación con ellos a nivel espiritual.

Lugares

Tenemos cordones de apego con todos los países, ciudades y casas en los que hemos vivido. Que estos lazos sean positivos o negativos depende de la calidad de la relación que hemos mantenido con estos lugares. Por mucho que nos alejemos de una ciudad o un país, la energía de ese lugar y las experiencias negativas que hayamos vivido allí seguirán afectándonos a menos que cortemos los cordones negativos. El poeta griego Constantino Cavafis lo expresó muy acertadamente en su poema *La ciudad:* «No hallarás otra tierra ni otro mar. La ciudad irá en ti siempre».

A los diecinueve años, me marché de mi país natal, Chipre, y me instalé en el Reino Unido para estudiar en la universidad. Con la esperanza de empezar de cero, dejé atrás una dolorosa infancia marcada por el *bullying*, el rechazo y un intento de suicidio. Sin embargo, a pesar de que me hallaba a miles de kilómetros de Chipre y de sus dolorosos recuerdos, me di cuenta de que seguía con los mismos hábitos, miedos y creencias limitantes que tenía allí. Esto era debido a los cordones de apego tóxicos que mantenía con mi isla natal y con todas las experiencias negativas que viví en ella. No fui capaz de curarme y empezar de cero hasta que corté estos lazos conscientemente.

Vidas pasadas

Llevo más de diez años haciendo regresiones para que quienes acuden a mí puedan vivir la experiencia de sus vidas pasadas y he llegado a la conclusión de que muchos de los traumas que sufrimos en nuestra actual existencia son retazos de traumas del pasado. Cuando vivimos una experiencia traumática en una o varias vidas pasadas sin llegar a superar y resolver ese trauma, vivimos el presente esperando revivirlo. Como resultado de ello, inconscientemente creamos nuevas experiencias, sobre todo en los primeros años de nuestra vida, para volver a traumatizarnos y renovar nuestras expectativas.

A menudo veo cómo los cordones de apego de vidas pasadas de una persona se extienden hasta el aura que la envuelve. Si una determinada experiencia traumática de una vida pasada se repite a lo largo de muchas vidas, estos cordones se extienden sobre diversas vidas y existencias pasadas, creando un poderoso cordón de apego de grupo que anula la capacidad de esa persona para romper ese patrón traumático.

Los cordones de apego de vidas pasadas suelen manifestarse en forma de miedos y fobias irracionales, pero también como traumas de la infancia que, cuando se analizan en profundidad, en realidad son traumas de vidas pasadas. Realizando un trabajo de sanación y superación de traumas de vidas pasadas cortando esos cordones podrás liberarte del influjo del pasado y seguir adelante con positividad.

Creencias

Del mismo modo que es posible tener cordones de apego con entes físicos, como personas u objetos, también es posible tener cordones de apego con constructos abstractos, como ideas y creencias. Todas y cada una de las creencias que tenemos, sean positivas o negativas, llevan consigo un cordón de apego que se extiende desde nuestro ser hasta el patrón de pensamiento colectivo de esa creencia. Como he mencionado anteriormente, las formas de pensamiento colectivo son fruto de los pensamientos, las emociones y la energía de todas las personas que han sostenido alguna vez o que aún sostienen el surgimiento de una determinada creencia o que han contribuido a ello. Cuando albergamos pensamientos y emociones que guardan relación con una determinada creencia de manera intensa y constante, al final nos adherimos a ese patrón de pensamiento colectivo, lo cual alimenta y refuerza nuestra conexión con ella.

Tras identificar y cortar estos cordones de apego, solemos sentirnos liberados energéticamente de creencias limitantes, pero es posible que volvamos a adherirnos a ellas fácilmente por inercia. Por consiguiente, lo que suelo hacer después de ayudar a la gente a cortar sus cordones de apego a creencias limitantes es ayudarlos a crear nuevos cordones de apego a creencias positivas que suplan a los que han liberado. Con el tiempo, esta transición energética va nutriendo sus planos mental y emocional, ayudándolos a reflejar la nueva creencia en sus pensamientos, palabras y emociones.

Objetos

A menudo tenemos cordones tóxicos con diversos objetos con los que hemos mantenido vínculos emocionales, entre los que suelen figurar herencias familiares, cartas, fotografías y regalos de amigos, exparejas o familiares. Si las relaciones con las personas asociadas a estos objetos acabaron en malos términos, la ira, la traición o el rencor que tú o las otras personas sentís se transfiere automáticamente a esos objetos. Aunque cortes el cordón de apego con ellas, los hilos más finos mantendrán el vínculo a través de esos objetos. Así pues, es importante que los limpies a menudo para eliminar ese vínculo físico.

Es más, las reliquias familiares que han pasado de generación en generación también acumulan la energía de todos aquellos que en algún momento estuvieron en posesión de ellas, creando cordones de apego con esas personas y con sus experiencias. Es conveniente vender, regalar o tirar dichos objetos, o si no deseas hacerlo, purificar su energía empleando una de las técnicas de limpieza que figuran en la segunda parte del libro. Al romper la conexión física con los objetos a los que tienes un apego tóxico, automáticamente cortas el cordón energético que te une a ellos y los despojas del control que ejercen sobre ti.

CAPÍTULO 6

Los siete pasos de la protección energética

¿Continúas sintiéndote atacado a pesar de realizar una práctica de protección energética? ¿Te proteges con luz blanca al empezar el día, pero sigues sintiéndote cansado y sin energía al final de la jornada? ¿Acabas poniendo tanto empeño en proteger tu energía que te da la sensación de que es un trabajo a tiempo completo?

Es probable que esto sea debido a que no estás realizando todos los pasos —o los correctos— para proteger tu energía. El mayor error que la gente comete en lo que respecta a la protección de la energía es poner escudos energéticos sin limpiarla previamente como es debido. Aunque esto evita un posible ataque, no limpia las ataduras del campo energético, sino que las escuda e impide liberarse de ellas.

Aunque dediques tiempo a limpiar las ataduras de tu campo energético antes de protegerte, para garantizar que la protección sea eficaz y duradera es fundamental tomar medidas antes y después del proceso de limpieza y protección. En los siguientes capítulos voy a explicar mi procedimiento de siete pasos para proteger la energía y garantizar la pureza energética.

He aquí los siete pasos del método de protección energética completo:

1. Centrarse.
2. Enraizarse.
3. Conectarse.
4. Identificar.
5. Limpiar.
6. Proteger.
7. Realizar el trabajo.

En esta primera parte del libro trataré los cuatro primeros pasos, en la segunda parte continuaré con los procedimientos de limpieza y, en la tercera, terminaré con los procedimientos de protección.

CAPÍTULO 7

Centrarse y enraizarse

Los primeros dos pasos del procedimiento de protección energética son centrarse y enraizarse. En mi opinión, estas prácticas infravaloradas son los dos pasos más importantes para salvaguardar la energía. Dominar estas técnicas te ayudará a controlar tu energía con el fin de realizar posteriormente un adecuado trabajo de limpieza y protección.

¿Qué es centrarse?

Centrarse es uno de esos términos espirituales de los que todo el mundo habla pero que pocos entienden. Recuerdo cuando leí sobre el tema al principio de mi camino espiritual, a los quince años. Casi siempre se empleaba junto a *enraizarse*, pero como no llegué a encontrar una definición o una explicación clara de su verdadero significado, seguí pensando que *centrarse* y *enraizarse* eran términos equivalentes. Lo cierto es que existen claras diferencias entre ambos.

Centrarse es asegurarse de que el cuerpo físico y el espiritual ocupen el mismo espacio y estén presentes en él. Se trata de estar plenamente presente en tu cuerpo. Como he explicado en el capítulo cuatro, el aura tiene siete capas principales. Cada capa áurica es todo un mundo en sí, con atributos y características únicas, que nos permite percibir el mundo en el que vivimos de maneras diferentes. Aunque estas capas están conectadas entre sí, también funcionan de manera independiente y nos permiten ver a través de su prisma si así lo decidimos.

Si lo hacemos de manera consciente, podemos percibir la vida a través de las diferentes capas y dimensiones de nuestra aura con el fin de procesar nuestros pensamientos y emociones, comunicarnos con nuestros guías, desarrollar nuestra intuición y otras capacidades espirituales y avanzar en nuestro camino espiritual.

Sin embargo, cuando de manera inconsciente o por descuido alteramos nuestra percepción entre estas capas, nos volvemos más vulnerables a los ataques energéticos. ¿Cuántas veces has realizado una tarea manual (con tu cuerpo físico) y al mismo tiempo has estado pensando en algo completamente diferente (con tu cuerpo mental)? En esas ocasiones, tu cuerpo mental estaba presente en otro. Dicho de otro modo, te encontrabas ausente, desconectado o descentrado, todos ellos términos que se utilizan para describir la falta de concentración.

Sentirse descentrado es algo muy prevalente en estos tiempos modernos, porque nuestra atención se ve reclamada sin cesar por múltiples estímulos. Al vivir en un mundo de sobrecarga de información, todos estamos en una constante multitarea, tratando de hacer todo y de estar disponible para todos al mismo tiempo. Salimos a cenar con nuestros amigos y, aunque físicamente estamos ahí, nos pasamos el rato pendientes del teléfono, manteniendo una conversación totalmente diferente en otro lugar. Entrenamos en el gimnasio y, mientras hacemos ejercicio, escuchamos un pódcast. Nos vamos de vacaciones y, en vez de disfrutar de cada momento, publicamos en Instagram hasta el último detalle, es decir, nos hallamos en dos dimensiones diferentes al mismo tiempo.

Cómo centrarse a nivel energético

Nuestra existencia colectiva como especie humana está sufriendo una crisis de dispersión. Desde el punto de vista energético, hemos permitido de manera consciente que nuestros cuerpos áuricos funcionen en desconexión, sin darnos cuenta de que esto nos hace vulnerables a los ataques energéticos. Cuando nuestros cuerpos áuricos no están presentes en la misma realidad espacio-tiempo durante un largo periodo, básicamente no estamos presentes en nuestro ser y permitimos que intrusos nos ataquen, influyan en nosotros e incluso se apoderen de nuestros cuerpos y de nuestra energía.

Las cuatro capas superiores del aura, concretamente las capas espirituales, existen en dimensiones totalmente diferentes de la realidad, con seres y energías que trascienden el reino humano. En estas dimensiones es donde podemos encontrar a los ángeles, a nuestros guías espirituales y a los maestros ascendidos de una manera más tangible; no obstante, también son las dimensiones donde podemos encontrar espíritus inferiores que no obran en nuestro beneficio. Aunque acceder a estas dimensiones áuricas de manera consciente puede impulsar nuestro viaje espiritual, cuando lo hacemos desde un lugar en el que nos encontramos descentrados y desconectados de nuestra plena presencia nos volvemos vulnerables a los ataques.

En lo tocante a proteger nuestra energía, el hecho de tener todos nuestros cuerpos centrados y presentes en el mismo espacio restablece y refuerza nuestro sistema de protección energética innato. Recuerda: el procedimiento de protección energética más poderoso es alinear nuestro interior con nuestra verdadera esencia. Centrarse facilita esa alineación, pero también nos ayuda a utilizar otros procedimientos de protección energética de una manera consciente, de ahí que sea el primer paso del procedimiento de protección energética.

El proceso de centrarse

Como estar centrado es el estado natural de tu ser, por mucho que te hayas habituado a estar descentrado en el día a día, es fácil recuperar ese estado.

He aquí los pasos del proceso:

1. Siéntate cómodamente y cierra los ojos.
2. Realiza largas inhalaciones profundas por la nariz, llevando el aire hasta el vientre, y a continuación exhala hasta vaciar tus pulmones por completo.
3. Mientras realizas las respiraciones, céntrate en relajar tu cuerpo físico. Comienza por la coronilla y ve descendiendo gradualmente por todas las partes de tu cuerpo, acumulando el estrés y la tensión con la inhalación y soltándolos con la exhalación.
4. Una vez totalmente relajado, trata de percibir con el ojo de tu mente tu cuerpo emocional, la segunda capa de tu aura. Esta capa es tu centro emocional, de modo que para acceder a ella básicamente has de notar cómo te sientes. Con cada respiración, concéntrate en cualquier emoción que estés sintiendo, sin más. Con reconocerlas basta para centrar tu cuerpo emocional.
5. Pasa al cuerpo mental de tu aura, la tercera capa, y realiza el mismo proceso. Simplemente reconoce los pensamientos que te vienen a la cabeza, sin más.
6. Con el ojo de tu mente, visualiza el conjunto de las cuatro capas restantes de tu aura. Son las capas espirituales y no

resulta tan fácil percibirlas como las otras tres. No obstante, lo único que has de hacer para centrarlas es continuar respirando mientras visualizas que ocupan su posición natural alrededor de tu cuerpo físico.

7. Una vez identificadas las siete capas, o cuerpos, de tu aura, focaliza tu atención en el centro de tu pecho y visualiza cómo el chakra corazón atrae como un imán las siete capas mientras estas se impregnan de su energía. Tu corazón, como punto de conexión de los planos físico y espiritual, es el timón para centrarte, de modo que adhiriendo tus capas áuricas a él te aseguras de alcanzar ese estado.

8. Cuando te sientas presente, centrado y focalizado, realiza unas cuantas respiraciones profundas más y abre los ojos.

¿Qué es enraizarse?

Mientras que centrarse consiste en asegurarte de que tus cuerpos físico y espiritual ocupen el mismo espacio y estén presentes en él, al *enraizarte* te aseguras de que tu ser, junto con todos sus cuerpos, se encuentre plenamente presente y conectado a la Tierra. Centrarse es una condición previa a enraizarse, ya que para estar presente de una manera consciente y conectado a la Tierra es necesario que tú (todo tu ser) estés en el momento presente, lo cual consigues al centrarte.

La referencia a nuestro planeta como la Madre Tierra se debe a que, desde la perspectiva metafísica, nuestro planeta es nuestra madre. Si no fuera por la Tierra, no seríamos quienes somos hoy. Nuestro planeta proporciona el espacio donde surge todo tipo de vida, y sin él seríamos solamente conciencia etérea de energía de la fuente divina. Nuestra madre biológica nos trajo al mundo, pero eso solo fue posible porque de entrada hay un mundo.

Las antiguas civilizaciones de nuestro planeta tenían esto muy presente, de ahí que honraran y respetaran a la Tierra y vivieran en armonía con ella. Antes del auge de las religiones modernas como el cristianismo, el islam y el judaísmo, la tradición religiosa y espiritual de muchos pueblos del mundo era el paganismo, un culto espiritual basado en la Tierra. Lo que distingue al paganismo de las religiones modernas es que se fundamenta en honrar los ciclos naturales terrestres y vivir en armonía con ellos, así como en la presencia de la fuente divina en todos y en todo, incluida la Tierra. Como resultado, el acto de enraizarse formaba parte del propio sistema religioso y social. Esto contrasta con la filosofía de las sociedades y religiones modernas, en las que se considera que la fuente está desconectada de la Tierra y a menudo se concibe como algo abstracto y ajeno a la vida cotidiana.

Enraizarse a nivel de protección energética

Del mismo modo que tenemos cordones de apego energéticos que nos conectan con nuestra madre biológica y otras personas, también tenemos un cordón que nos une a la Tierra. A diferencia de los cordones humanos, que pueden cortarse de manera consciente cuando la relación no funciona, solo es posible cortar nuestro cordón con el planeta cuando realizamos la transición de regreso a la fuente divina.

Dicho esto, a pesar de que es imposible desvincularnos de la Tierra mientras estamos vivos, sí que puede debilitarse ese vínculo. Cuando nos hallamos dispersos y pasamos gran parte del tiempo fuera de nuestro cuerpo físico, el cordón de apego a la Tierra se debilita y nos deja una sensación de desconexión del mundo físico que nos rodea. Mientras dormimos y cuando realizamos una visualización o una meditación guiada, por ejemplo, nos desenraizamos de manera consciente para descansar o vivir una experiencia espiritual. Sin embargo, justo al despertar o terminar la meditación, por lo general sentimos el impulso de beber agua, comer algo o hacer alguna actividad física para restablecer el vínculo con la Tierra.

En cambio, el desarraigo inconsciente puede hacernos vulnerables a los ataques energéticos. Cuando tienes un gran desapego con la Tierra, básicamente desconectas de tu propio cuerpo y plano físico. Esto no solo altera tu alineación con la fuente y con tu esencia, sino que también te expones físicamente al mundo de los espíritus y otras energías externas. A consecuencia de ello, tus mecanismos naturales de protección energética se debilitan, lo cual te hace vulnerable a los ataques energéticos.

Cuando dedicas tiempo a enraizar tu energía y a reforzar tu cordón de apego con la Tierra de manera consciente, te alineas por completo con tu cuerpo y tu yo interior: envías la señal de que estás presente en tu cuerpo y en el planeta, de que tu energía se halla intacta y de que así permanecerá.

Además, enraizarse es un poderoso procedimiento de limpieza y protección en sí mismo. El cordón con la Tierra tiene dos canales energéticos, uno para expulsar la energía negativa y sobrante, y el otro para restablecer la fuerza vital del cuerpo con las reservas inagotables de la Tierra. Por tanto, enraizarse es la base de la protección energética porque es la fuente de poder fundamental del sistema inmunoenergético.

El proceso de enraizamiento

Existen numerosos procedimientos para enraizarse, muchos de los cuales son tan sencillos como caminar descalzo por la naturaleza, comer algo o simplemente dar unas cuantas palmadas. No obstante, con el fin de protegerte a nivel energético es importante que te enraíces de una manera más profunda y consciente. Realiza la siguiente meditación para enraizarte después de centrarte según el proceso descrito en el apartado anterior.

He aquí los pasos:

1. Siéntate en postura meditativa y cierra los ojos.
2. Después de centrarte, concéntrate en el chakra raíz, situado en la base de tu columna. Puedes visualizarlo como una esfera de luz brillante de color rojo rubí. El chakra raíz rige tu conexión con la Tierra y el mundo físico que te rodea, y es el principal para enraizarte.
3. Visualiza un cordón de apego que se extiende desde tu chakra raíz hacia la Tierra. Deja que este cordón penetre en ella, a través de sus diversas capas, cuevas y macizos de cristal, bajo la corteza terrestre y el magma, hasta llegar al núcleo terrestre.
4. Deja que este cordón envuelva el núcleo terrestre, que se asemeja a una gigantesca esfera de cristal roja, muy similar al aspecto del chakra raíz.
5. Una vez unido al núcleo de la Tierra, visualiza cómo todo tu estrés, tensión y negatividad fluyen desde tus diversos cuerpos a través de este cordón hasta el interior de la Tierra y deja que Gaia recicle esa energía. Al mismo tiempo, permite que la energía sanadora y el poder de enraizamiento de la Tierra fluyan a través de este cordón hasta tu cuerpo físico para cargarte de energía y enraizarte.
6. Mantente en esta postura tanto tiempo como creas conveniente. Cuando termines, respira profundamente y abre los ojos. Te sentirás enraizado y de maravilla.

Centrarte y enraizarte son los dos pasos más esenciales que puedes dar para fortalecer tu mecanismo natural de protección energética y prepararte para limpiarte y protegerte de ataduras energéticas de una manera consciente. En el siguiente capítulo nos meteremos de lleno en el tercer paso del procedimiento de protección energética, que consiste en conectarte con tu poder limpiador y protector.

CAPÍTULO 8

Cómo conectar con tu poder de protección

*T*ú eres tu herramienta más poderosa de protección energética. Todos los recursos, procedimientos, técnicas y meditaciones que conocerás en este y otros libros son tan poderosos como tu propio poder de protección. Concretamente, tu cuerpo físico y tu intención son lo único que necesitas para limpiar y protegerte; los restantes procedimientos son complementarios.

La razón por la que utilizamos herramientas y técnicas para la protección energética o para cualquier fin espiritual se debe en parte a que disfrutamos con ello, pero más que nada a la expectativa de obtener más beneficios a través del plano físico. La razón por la que nos encarnamos en este mundo terrenal diverso en vez de permanecer en el mundo espiritual es que deseábamos expresar nuestra creatividad y la conciencia de la energía de la fuente divina a nivel físico y tangible. Así pues, nuestra cualidad corpórea nos crea una inevitable dependencia con objetos, herramientas y procedimientos físicos.

Al mismo tiempo, aunque sabemos que formamos parte de la fuente divina como extensión de ella y que entendemos que podemos recurrir a la esencia de esta como un todo para protegernos, disfrutamos compartimentando la fuente en diversos entes espirituales, como dioses, diosas y fuerzas sobrenaturales, porque de este modo nos resulta más fácil trabajar con ella.

A medida que pones en práctica los procedimientos de este libro, aprendes diferentes técnicas y te conectas con diversos guías espirituales, ten presente en todo momento que estos seres y procedimientos en realidad no te proporcionan nada que no puedas proporcionarte tú mismo. Son extensiones de tu propio poder de protección y su eficacia depende totalmente de ti. Al mismo tiempo, los seres espirituales con los que conectas no son ajenos a ti, pues todos formamos parte de la misma conciencia de energía de la fuente divina: son simplemente diferentes manifestaciones de la fuente y por tanto de ti, y propician el acceso a ciertas energías y cualidades que ya tienes.

Meditación para conectar con tu poder de protección

Antes de abordar la parte del libro dedicada a los procedimientos de limpieza y protección, es importante que tomes plena conciencia de tu poder de protección; la siguiente meditación te ayudará a hacerlo.

He aquí los pasos de la meditación:

1. Cierra los ojos para entrar en estado meditativo, céntrate y enraíza tu energía tal y como he explicado en el capítulo siete.
2. Concéntrate en el chakra del plexo solar. El plexo solar es la puerta de tu poder personal. Metaboliza la energía protectora de la fuente a través de tu ser, lo cual estimula tu fuerza interior, tu confianza y tu voluntad para sentirte seguro en tu cuerpo y en el mundo.

3. Visualiza el chakra del plexo solar como una pequeña esfera de luz amarilla que crece con cada respiración. Observa cómo esta esfera de luz dorada se expande alrededor de tu cuerpo y envuelve tu aura. Cuando esto ocurra, sentirás que tu vibración se eleva, que tu fuerza vital aumenta y que tu poder de protección natural inunda todo tu ser.

4. Mientras permaneces en este estado, repite tres veces las siguientes frases mentalmente o en voz alta: «Conecto con mi poder de protección para mí mismo. Estoy centrado en mi energía y enraizado en la Tierra. Me siento seguro y a salvo». Mantén este estado el tiempo necesario hasta que te sientas motivado e invencible.

5. Cuando termines, respira profundamente y sal del estado meditativo poco a poco.

Puedes descargar un audio de esta meditación (en inglés) en GeorgeLizos.com/PYL.

Tu guardián de protección energética

Tras interiorizar todo tu poder de protección innato, estás listo para potenciarlo conectándote con tu *guardián de protección energética*. Se trata de un guía espiritual personal al que puedes acudir para que te apoye a lo largo de los procedimientos de limpieza y protección. Tu guardián de protección energética puede ser un guía espiritual con el que ya trabajes, bien un ángel de la guarda o un guía elemental, o bien cualquier guía espiritual nuevo que desee establecer contacto contigo, por ejemplo cualquier otro ángel o elemental, un arcángel, un maestro ascendido, un dios, una diosa o cualquier otra deidad bondadosa con la que decidas trabajar.

Considera a tu guardián de protección energética como una extensión de tu poder de protección innato que actúa como tu valedor en el mundo espiritual. El guardián es responsable de conectarte con otros guías a los que desees invocar en busca de protección, te orienta para que elijas las mejores herramientas de limpieza y protección, mantiene la eficacia de tus escudos energéticos a lo largo del día e incluso sirve de guardaespaldas energético cuando tus defensas naturales de energía se debilitan. Una vez que conozcas a tu guardián de protección energética, te acompañará en todo momento (siempre y cuando lo desees), guiándote, apoyándote y amparándote.

Realiza la siguiente meditación para conocer a tu guardián de protección energética:

1. Cierra los ojos para entrar en estado meditativo. Realiza los pasos de centrarte y enraizar tu energía tal y como he explicado en el capítulo siete.

2. Transmite al universo tu petición de conocer a tu guardián de protección energética diciendo mentalmente o en voz alta: «Invoco a mi guardián personal de protección energética para que venga a mi encuentro y se manifieste de forma que pueda percibirlo con claridad». Nada más decirlo, deja al margen cualquier expectativa y permanece inmóvil, respirando profundamente y atento a quién aparece. Dependiendo de tu lenguaje intuitivo preponderante, tu guardián de protección energética se manifestará a nivel visual, mental, emocional o auditivo. (Consulta mis libros *Be the Guru* y *Lightworkers Gotta Work* para averiguar cuáles son tus principales lenguajes intuitivos y cómo reforzarlos).

3. Cuando tu guardián se manifieste, tómate tu tiempo para conocerlo como si se tratara de un nuevo amigo. No olvides preguntarle por qué ha decidido trabajar contigo y guiarte para aprender a fortalecer tus defensas naturales de protección energética.

4. Antes de terminar la meditación, pide a tu guardián de protección energética que permanezca contigo mientras exploras los procedimientos de este libro y que guíe tu práctica de protección energética diaria. En el capítulo treinta y seis aprenderás un procedimiento específico para trabajar con tu guardián de protección energética.

Puedes descargar una versión ampliada de esta meditación (en inglés) en GeorgeLizos.com/PYL.

CAPÍTULO 9

Todo es atracción

Al conocer las diferentes formas en las que las personas, los objetos, los lugares y las vidas pasadas afectan a nuestra energía, podemos caer en el error del victimismo y culpar a cualquiera menos a nosotros mismos de nuestros sentimientos, circunstancias y desgracias. Una lección dura pero necesaria que has de aprender a lo largo de tu viaje para proteger tu energía es que, en el plano espiritual, nadie tiene el poder de generar en tu vida una experiencia positiva o negativa a menos que tu frecuencia vibracional esté en sintonía con ella.

He tratado esto a grandes rasgos en capítulos anteriores, pero es conveniente retomarlo y profundizar en ello. Una de las leyes más poderosas del universo es la *ley de la atracción*, según la cual la energía que se proyecta atrae la misma energía. La ley de la atracción responde a nuestra frecuencia vibracional y, por tanto, a nuestro sentir, en el que a su vez influyen los pensamientos que tenemos y las palabras que pronunciamos. En resumen: atraemos cosas, personas y experiencias con una frecuencia vibracional acorde a cómo nos sentimos. Desde la perspectiva de los ataques energéticos, solo es posible atraer ataduras energéticas si nuestra frecuencia vibracional, nuestro sentir, se halla en sintonía con la frecuencia vibracional de la atadura energética.

Dado que de nosotros depende atraer cualquier tipo de ataque energético, el verdadero trabajo de protección energética implica realizar un trabajo interior para identificar la raíz del problema y tomar medidas para solventarlo y sanar. En mi experiencia trabajando con personas a lo largo de los años he identificado tres principales causas que provocan ataques energéticos: los traumas no resueltos, las creencias limitantes y el patrón de pensamiento negativo crónico.

Traumas no resueltos

Cuando comencé el estudio y la práctica de la protección energética, caí en la trampa del victimismo pensando que todo el mundo iba a por mí. Siempre que conocía a alguien, que pasaba un rato con un grupo de personas o que visitaba un lugar concurrido, al volver a casa veía decenas de dagas psíquicas clavadas en mi espalda. Sin embargo, a medida que cultivaba mis dotes de clarividencia y distinguía con mayor nitidez estas dagas, me di cuenta de que eran autoinfligidas y no producto de otros.

Perplejo, indagué para identificar la causa de lo que experimentaba. Tras realizar una búsqueda espiritual, llegué a la conclusión de que todavía no había superado el miedo a ser juzgado y el *bullying* que arrastraba desde mi infancia. Mi condición homosexual y diferente hizo que sufriera un tremendo rechazo, no solo por parte de los demás, sino también por mi parte. Como resultado de ello, me acostumbré a que la gente me juzgara y atacara. A pesar de lo mucho que he trabajado para superar ese miedo de la infancia y que incluso he escrito dos libros sobre ese tema, el poso latente en mi interior hacía que, siempre que conocía a alguien, inconscientemente esperaba ser rechazado y atacado. Desde el instante en que llegué a esta conclusión, he notado que el número de dagas en mi espalda se ha reducido considerablemente.

Teniendo esto presente, antes de limpiar tus ataduras energéticas, obsérvalas con detenimiento. Rasca bajo la superficie para encontrar experiencias traumáticas no resueltas que pueden haberte producido una falsa sensación de ser atacado. Una manera fácil de hacer esto es identificar la emoción negativa generada por una atadura energética y después preguntarte: «¿Cuándo fue la primera vez que sentí esta emoción?». Esto permite que tu mente y tu cuerpo busquen recuerdos traumáticos que pueden haber contribuido a tu percepción de un posible ataque. Si los recuerdos te vienen a la memoria, analízalos y refléjalos en el diario como indico al final de este capítulo para llegar a una comprensión más profunda. Si no surge nada significativo, puede que en efecto estés sufriendo un ataque energético.

Aparte de generar una falsa sensación de ataque, los traumas que no hemos superado también pueden atraer ataques energéticos reales. Nuestras experiencias traumáticas influyen en la manera en que nos percibimos a nosotros mismos, a los demás y al mundo que nos rodea, y moldean nuestros pensamientos, emociones y creencias. Como resultado de ello, los traumas no resueltos normalmente generan creencias limitantes que se enquistan, que disminuyen nuestra frecuencia vibracional y que atraen a personas y situaciones que validan y sustentan lo que sentimos y creemos.

Al realizar el trabajo interior para identificar y superar experiencias traumáticas del pasado, automáticamente erradicas esa percepción de ataque energético y al mismo tiempo reduces el número de ataques energéticos reales que atraes.

Creencias limitantes

El *autosabotaje* se produce cuando las creencias y deseos que tenemos respecto a nosotros mismos no se corresponden con las creencias y deseos que nuestro yo superior alberga con respecto a nosotros. Como resultado de ello, cuando la vida nos brinda una oportunidad para el crecimiento, la felicidad y la plenitud, nuestro ego entra en juego para sabotearla. Por lo general, el autosabotaje se manifiesta en forma de excusas y pensamientos limitantes respecto a nosotros mismos, los demás y la vida en general. A consecuencia de nuestro autosabotaje y sus consiguientes excusas, es inevitable atraer ataques energéticos que proporcionan una salida fácil. A partir de ahí nos engañamos a nosotros mismos con el argumento de que no es culpa nuestra que las cosas no hayan funcionado y culpamos a otros o lo achacamos a la mala suerte.

El autosabotaje es especialmente recurrente entre los trabajadores de la luz porque nuestro propósito colectivo va más allá de nuestro bienestar personal para procurar el bienestar del mundo entero (puedes leer más acerca de esto y acerca de cómo descubrir el propósito de tu vida en mi libro *Lightworkers Gotta Work*). Por regla general, cuanto mayor sea la magnitud del propósito de nuestra vida, mayores serán las estrategias de autosabotaje del ego. En los cursos y talleres *online* que imparto veo constantemente situaciones de autosabotaje camufladas en forma de ataque energético. A menudo, la gente se apunta a un curso entusiasmada por dar un salto en su crecimiento y desarrollo personal y, en un momento dado, se enfrentan a tremendos dramas «fortuitos» que les impiden terminarlo.

Por regla general, el autosabotaje tiene su origen en una única creencia limitante de base que tenemos respecto a nosotros mismos y que genera otras creencias secundarias a las que responde la ley de la atracción. Los reyes y reinas del drama constituyen excelentes ejemplos de cómo funciona esto. Los reyes y reinas del drama son las personas de tu vida con las que pasas horas al teléfono, aconsejándolas y apoyándolas, pero que jamás siguen tus consejos.

Estas personas suelen tener un problema dramático cada dos por tres y, por tanto, son víctimas perfectas de ataques energéticos. A simple vista, da la impresión de que sus desgracias diarias son el resultado de una serie de malas decisiones, pensamientos negativos y creencias limitantes, pero lo cierto es que son sencillamente el resultado de una única creencia de base que probablemente se remonte a la primera etapa de su vida, que haya ido calando hondo y que haya estado causando estragos desde entonces.

Patrón de pensamiento negativo crónico

El patrón de pensamiento negativo crónico puede ser el resultado de un trauma no resuelto, de una creencia de base o simplemente de un hábito tan arraigado que no sabemos cómo romperlo. En cualquier caso, este patrón genera emociones negativas crónicas que disminuyen nuestra frecuencia vibratoria y nos hacen atraer una gran cantidad de ataduras energéticas. Es fácil caer en la trampa de la negatividad, pues vivimos en un mundo que la ensalza: no hay más que ver las noticias a diario durante una semana para acabar creyendo que la gente supone una amenaza, que tus sueños jamás se harán realidad y que el planeta está muriendo. Para colmo, la popularidad de los *realities* televisivos, los programas de cotilleo y las películas llenas de dramas es una prueba más de que vivimos en un mundo donde abunda el drama y la negatividad.

Según Bessel van der Kolk, autor de *El cuerpo lleva la cuenta*, una vez que el cuerpo se adapta a una situación incómoda o dramática, al final se regodea en el drama. En el libro, escribe: «Este ajuste gradual indica que se ha establecido un nuevo equilibrio químico en nuestro cuerpo. [...] Igual que con la adicción a las drogas, empezamos a desear ansiosamente realizar la actividad y experimentamos el síndrome de abstinencia cuando no podemos realizarla.

A la larga, a la gente le preocupa más el dolor de la abstinencia que la actividad en sí».[1]

Dado lo fácil que resulta caer en la trampa del drama y la negatividad crónicos, es inevitable que la baja frecuencia vibracional resultante atraiga una serie de ataduras energéticas con personas y lugares. Esta es la razón por la que tantos maestros espirituales subrayan la importancia de realizar una práctica espiritual diaria: nos ayuda a alterar nuestro patrón de negatividad crónico y a empezar a gestar un impulso de atracción positiva.

El trabajo interior

Ahora que sabes que la responsabilidad de atraer cualquier atadura energética recae en ti y que te has familiarizado con las tres causas de su origen, ha llegado la hora de realizar el trabajo interior para identificarlas y liberarte de ellas. El método más sencillo que he encontrado es un procedimiento al que denomino «los cinco porqués». Este procedimiento te ayuda a identificar la respuesta emocional subyacente en una atadura energética para que posteriormente te hagas cinco preguntas sobre por qué sientes esa emoción. Por mi experiencia, a la quinta vez que te preguntes por qué te sientes de una determinada manera, descubres la creencia limitante latente. Esta creencia limitante podría clasificarse dentro de una de las tres categorías que he mencionado anteriormente o bien podría tratarse de algo diferente.

He aquí un ejemplo de cómo funciona esto: pongamos que has identificado una daga psíquica en tu espalda. Antes de eliminarla, tómate tu tiempo para conectar con ella y analizar cómo te hace sentir esta daga.

Me hace sentirme furioso.

A continuación, hazte cinco preguntas sobre *por qué* y responde a ellas instintivamente, sin darle vueltas.

- *¿Por qué me hace sentir furioso? Porque no sé quién me la ha enviado ni por qué.*
- *¿Por qué me pone furioso no saber quién me la ha enviado? Porque no sé en quién confiar.*
- *¿Por qué necesito saber en quién confiar? Porque así estaré preparado para protegerme de personas tóxicas.*
- *¿Por qué necesito protegerme de dichas personas? Porque no me siento seguro en el mundo y el hecho de mantenerme alejado de ellas me hará sentir más seguro.*
- *¿Por qué no me siento seguro en el mundo? Porque mi madre me dejó solo durante horas cuando era pequeño. Me sentí desamparado, asustado e inseguro.*

En este ejemplo, la creencia de base subyacente en la daga psíquica y la emoción de furia que genera es un trauma no resuelto, concretamente el del abandono parental. Una vez identificado y superado este problema de base, todas las creencias limitantes originadas a consecuencia de él, entre ellas el detonante de la furia y la daga psíquica —que o bien fue atraída como consecuencia de esta creencia, o bien simplemente percibida como una forma de ataque—, desaparecerán.

Hay numerosos procedimientos para sanar y liberarse de las creencias de base subyacentes en las ataduras energéticas: puedes ir a terapia; utilizar la técnica de liberación emocional (*tapping*) o la terapia de movimiento ocular integral (IEMT, por sus siglas en inglés), prácticas que empleo en mi trabajo personal; meditar para sanar tu niño interior; cortar cordones de apego, los cuales trataré en el capítulo veinticuatro, o simplemente escribir en un diario tus emociones para transformarlas en otras más positivas. Consulta siempre a tu guía interior cómo tomar las medidas apropiadas hacia la sanación y la liberación de estas creencias limitantes de base y recurre a personas y a procedimientos con los que sintonices.

Realizar el trabajo interior es, con diferencia, el paso más importante que puedes dar para proteger tu energía. Cuanto más trabajes para identificar tus creencias limitantes de base y liberarte de ellas, más elevarás tu vibración y menos ataduras energéticas atraerás. Al sanar y liberarte de tus creencias de base, reforzarás tus defensas áuricas naturales hasta tal punto que apenas necesitarás emplear procedimientos de protección energética adicionales.

CAPÍTULO 10

El poder de la intención

Como he comentado en el capítulo dos, cuando no crees en la existencia de los ataques energéticos es imposible que te afecten. Tu convicción proyecta la fuerte intención de estar siempre protegido y alineado con la fuente divina, lo cual automáticamente crea todos los «hechizos» necesarios para mantener tu energía limpia y protegida.

De manera similar, cuando utilices las herramientas y pongas en práctica los procedimientos y meditaciones de los siguientes capítulos, lo que limpiará y protegerá tu energía será la *intención* que pongas al hacerlo, no los procesos en sí. Si no focalizas tu intención, despojas a los procedimientos de su poder y eficacia.

Siempre que te dispongas a realizarlos, tómate el tiempo necesario para centrarte y enraizarte, e imbúyete de poder realizando las meditaciones descritas en capítulos anteriores. Visualízate alineado con la fuente y focaliza tu intención en limpiar y proteger tu energía. Después, y solo después, serás capaz de empezar a utilizar de una manera eficaz los procedimientos que recomiendo.

La ley del libre albedrío

En algunos de los procedimientos de limpieza y protección que describo a continuación, te pediré que invoques a seres espirituales.

Aunque tal vez sientas la tentación de ceder tu poder a estos guías que te resultan más poderosos y ajenos a ti, es importante que no lo hagas.

En primer lugar, ten presente que estos seres no están separados de ti, del mismo modo que tú no estás separado de nadie ni de nada en el universo. Todos somos uno en el plano espiritual, incluidos los ángeles, los espíritus elementales, los guías espirituales y los maestros ascendidos. Cuando conectas con ellos, sencillamente estás conectando con una versión más elevada de ti mismo.

En segundo lugar, estos guías únicamente pueden ayudarte si les das permiso; por tanto, el obtener ayuda está supeditado a tu intención. Según la ley del libre albedrío, los seres espirituales pueden prestarte su ayuda solo si les brindas acceso a tu energía. Sí, estás conectado con ellos formando una unidad en el plano espiritual, pero elegiste encarnarte en una determinada entidad corpórea en esta vida impulsado por el anhelo de libertad para hacer lo que te plazca.

Cuando tengas que invocar a estos guías espirituales, no olvides poner tu intención mentalmente y darles permiso para que te ayuden teniendo presente que vas a recibir ayuda de una parte mayor y más elevada de tu ser. Esto garantizará que no te vuelvas dependiente de estos seres para recibir ayuda y protección, sino para invocarlos en el momento oportuno.

Expresa claramente tu intención

Aunque estoy seguro de que eres consciente de la importancia y el poder de tu intención a la hora de limpiar y proteger tu energía, tal vez no tengas claro cómo transmitirla con claridad.

En los procesos que explicaré en los siguientes capítulos, tienes la posibilidad de expresar tu intención usando una o varias de las siguientes técnicas:

- **Visualización:** es imaginación focalizada y deliberada. A lo largo de algunos procesos te daré indicaciones para visualizar luz, cordones etéricos o seres espirituales. El mero hecho de crear una imagen mental pone tu intención en trabajar con estas fuentes de luz, energía y seres espirituales.

- **Pensamientos:** si no se te da bien visualizar, puedes pensar que estos procesos se desarrollan en tu cabeza o poner tu voluntad en ello. En vez de visualizar una luz que te envuelve, puedes simplemente pensar en ella. Tus pensamientos y visualizaciones tienen la misma carga de intención.

- **Palabras de afirmación:** la tercera técnica para activar estos procesos por medio de la intención es tan sencilla como decir en voz alta lo que deseas que suceda. Haz una afirmación como: «Me protejo con luz arcoíris y pongo la intención en que permanezca conmigo a lo largo del día y me proteja de toda energía y persona negativa».

- **Palabras por escrito:** escribir en tu cuaderno, en un documento en el ordenador o en un folio es la cuarta manera de expresar con claridad tu intención de limpiar y proteger tu energía. Al poner algo por escrito, se vuelve real. Cuando pasamos demasiado tiempo dándole vueltas a la cabeza, el foco de nuestra intención puede perderse en el ruido mental. Cuando expresamos nuestras intenciones por escrito, las separamos del resto de los pensamientos y les damos más fuerza.

Si te ayuda a centrarte, puedes utilizar cualquier combinación de estas cuatro técnicas. Puedes visualizarte dentro de una luz envolvente mientras piensas, escribes y pronuncias en voz alta sus cualidades protectoras.

CAPÍTULO 11

Cómo identificar las ataduras energéticas

Antes de probar cualquiera de los procedimientos de limpieza y protección es importante entender qué entrañan. Identificar las ataduras energéticas es el cuarto paso del proceso de protección energética y conlleva manejar lenguajes del instinto primario con el fin de reconocer los tipos de ataduras energéticas que hemos tratado anteriormente dentro del campo energético.

Si hasta ahora nunca has limpiado tu energía, casi con toda seguridad encontrarás una gran cantidad de ataduras energéticas de las que necesitas liberarte. No tienes por qué asustarte o alarmarte; en los siguientes capítulos aprenderás a liberarte de todas ellas de una manera eficaz.

Es muy probable que escanear y limpiar tu energía por primera vez implique una gran cantidad de tiempo y esfuerzo, pero una vez que lo hagas serás capaz de realizar el proceso en menos de diez minutos al día. Cada mañana, dentro de mi práctica espiritual, escaneo, limpio y protejo mi energía. Se ha convertido en una parte de mi rutina diaria, igual que cepillarme los dientes y vestirme. Desde que empecé a hacerlo, he advertido cambios notables en mi energía y bienestar.

Activa tu visión de 360 grados

Antes de empezar a escanear tu energía para detectar ataduras, primero debes despertar tu intuición. Existen diversos métodos para ello, pero mi favorito es una técnica que mis guías espirituales me enseñaron al principio de mi camino espiritual. Consiste en activar mi visión de 360 grados.

Aunque tus ojos tienen una capacidad física limitada de observar el mundo que te rodea, tus cuerpos espirituales son multidimensionales y pueden percibir en todas direcciones a la vez. La siguiente técnica ayuda a transitar del estado físico al espiritual, lo cual despierta la intuición y permite sentir los ataques energéticos con mucha más claridad.

Para activar tu visión de 360 grados, sigue estos pasos:

1. Mientras meditas, concéntrate en el chakra del tercer ojo, situado en el entrecejo. El chakra del tercer ojo es la torre de control de la intuición y permite trascender del plano físico al espiritual. Imagínatelo como una esfera azul índigo que se expande con cada inhalación. Respira profundamente hasta que notes un cambio en tu energía al expandirse.

2. Una vez abierto el chakra del tercer ojo, puedes empezar a activar tu visión de 360 grados. Visualiza lo que hay delante de ti sin abrir los ojos. Utiliza el ojo de la mente para percibir la dimensión energética del entorno físico que hay ante ti. No te cuestiones a ti mismo ni le des demasiadas vueltas a esto; simplemente sé consciente de lo que sucede.

3. Mantén la imagen interior de lo que percibes delante de ti mientras la expandes para abarcar lo que hay a tu derecha

98

y a tu izquierda, de manera que puedas percibirlo todo a la vez.

4. A continuación, amplía tu campo de visión para percibir lo que hay por encima y por debajo de ti, junto con lo que tienes delante, a tu derecha y a tu izquierda.

5. Por último, expande tu visión para percibir lo que hay detrás de ti al mismo tiempo que observas lo que hay delante, a la derecha, a la izquierda, por encima y por debajo. Permanece en este estado de despertar durante unos minutos y deja que tu cuerpo se aclimate a tu nueva visión de 360 grados.

Procedimiento de escaneo psíquico

Una vez activada tu visión psíquica, estás listo para escanear tu cuerpo con el fin de detectar ataduras energéticas. En cuanto termines de activar tu visión de 360 grados, pon en práctica el siguiente método de escaneo:

1. Con la visión de 360 grados activada, focalízate en tu cuerpo físico para apreciar su dimensión energética y la primera capa de tu aura, conocida como cuerpo etérico. Busca dagas psíquicas, patrones de pensamiento colectivos o energía espacial residual en forma de energía negativa, manchas vibracionales o telarañas etéricas. Ten presente que, dependiendo de tu lenguaje intuitivo primario, a lo mejor no eres capaz de percibirlos por medio de esta técnica, pero sí a través de otro sentido.

2. Examina con más atención tu cuerpo etérico para ver si hay algún cordón de apego tóxico que se extiende hacia fuera en dirección a otras personas, cosas, lugares, creencias o

vidas pasadas. Muchos de estos cordones estarán unidos a tus chakras, sobre todo al chakra corazón y al del plexo solar. ¿Has sido tú quien ha creado esos cordones o lo han hecho otros? Si «tocas» mentalmente los cordones y prestas atención a cómo te sientes, podrás percibirlo. Esto te ayudará a entender mejor la relación y naturaleza de la atadura.

3. Aparta tu atención de los cordones tóxicos y concéntrate en tus siete chakras. ¿Qué aspecto tienen? ¿Están limpios y brillantes o sucios y oscuros? ¿Dirías que lucen un aspecto sano? ¿Hay alguna daga psíquica clavada en ellos o energía oscura bloqueándolos? ¿Qué tipos de ataduras energéticas ves ahí, si las hay?

4. Finalmente, expande tu conciencia para observar las capas de tu aura que se extienden a tu alrededor. Podrías percibir manchas oscuras de energía, espíritus inferiores, energía espacial residual u otras malas vibraciones que tu aura ha absorbido a lo largo del tiempo en esta zona. Limítate a observar, sin juzgar.

5. Cuando hayas terminado de escanear tu cuerpo y tu aura para detectar ataduras energéticas, sal del estado meditativo. Anota en tu diario lo que has descubierto para limpiarlo después o continúa con los procesos que se explican en los siguientes capítulos.

Puedes descargar una versión ampliada de esta meditación en audio (en inglés) en GeorgeLizos.com/PYL.

SEGUNDA PARTE

Limpia tu energía

CAPÍTULO 12

Sintonizar con la naturaleza para protegerse

«Tengo previsto utilizar estos dones para alcanzar mi principal objetivo, que es mejorar la política medioambiental internacional y conseguir que la sostenibilidad sea la mayor preocupación del mundo». Así es como concluí mi carta de presentación en las solicitudes que envié a diversas universidades para cursar la diplomatura en Geografía a los diecinueve años. Como muchos otros trabajadores de la luz, me consternaba la destrucción medioambiental que habíamos provocado en el planeta a lo largo de miles de años y quería dedicar mi vida a trabajar para salvar la Tierra.

Para mi sorpresa, poco después de iniciar mis estudios me di cuenta de que mi planteamiento era algo problemático. Al meterme de lleno en la historia y la geografía de nuestro planeta y estudiar la tectónica de placas, los volcanes, los procesos atmosféricos y las corrientes oceánicas, me asombró el poder regenerativo de la Tierra a pesar de la destrucción que había sufrido. La acción de estos poderosos fenómenos naturales es constante: eliminan impurezas para crear nueva vida, sustentan la vitalidad del planeta y crean el ecosistema perfecto para su supervivencia. Mientras un volcán entra en erupción en un rincón del mundo, una placa tectónica se hunde en el magma en otro punto, equilibrando la fuerza de la creación y la destrucción tanto a nivel físico como energético. Del mismo modo, todos los fenómenos atmosféricos, como las tormentas, los tornados, los huracanes, los terremotos, los movimientos de los glaciares, los ecosistemas terrestres y las corrientes oceánicas realizan los mismos procesos de creación y destrucción para eliminar las impurezas de la Tierra y conservar su vitalidad.

El éxito de estos procesos queda patente en la longevidad del planeta. En sus 4.543 millones de años de existencia, la Tierra ha sufrido todo tipo de cambios y catástrofes medioambientales y siempre ha sobrevivido. Durante los doscientos mil o trescientos mil años de presencia del ser humano —una insignificancia en la cronología de la Tierra—, el planeta ha continuado floreciendo, exterminando a las civilizaciones que lo han dañado y manteniendo su equilibrio a toda costa. Sin embargo, aquí estamos, pensando que la responsabilidad de salvarlo es *nuestra...*

No me malinterpretes: soy totalmente partidario de amar y respetar nuestro planeta, hacer todo lo posible por frenar la contaminación y adoptar un ritmo de vida y un desarrollo sostenibles. Sin embargo, sabiendo lo que sé acerca de su historia y su geografía, me parece arrogante pensar que su salvación está en nuestras manos. He llegado a la conclusión de que nuestro propósito colectivo como seres humanos no tiene tanto que ver con salvar el planeta Tierra, sino más bien con salvar nuestra especie. La Tierra ha sobrevivido a todo tipo de desastres posibles a lo largo de más de cuatro mil quinientos años, mientras que muchas civilizaciones no han durado ni una milésima parte de ese tiempo. ¿Quién dice que la Tierra no nos va a borrar de un plumazo si seguimos maltratándola?

La protectora por excelencia

La razón por la que me he extendido tanto en hacer hincapié en el poder de sanación y regeneración de nuestro planeta es demostrar que la Tierra, la diosa Gaia, es la mayor protectora de energía que existe. De hecho, es la primera protectora de energía que jamás ha existido. ¡Es la oficial de guardia! Las catástrofes naturales son agentes limpiadores que eliminan las ataduras energéticas tóxicas de la Tierra y sus procesos de regeneración son agentes protectores que le proporcionan energía vital y continúan elevando su frecuencia vibracional. Tenemos mucho que aprender acerca de la protección energética simplemente conectándonos con los poderes de la naturaleza.

Tras diplomarme en Geografía, empecé a estudiar y a establecer una conexión con la Tierra también desde una perspectiva espiritual. Sintonicé con la sabiduría de la naturaleza conectándome con entes naturales: los elementos aire, tierra, fuego, agua y éter; gnomos y hadas; silfos, dragones, sirenas y unicornios. Alinearme con su energía y sabiduría me ha permitido emplear los mismos procesos que la naturaleza utiliza para restaurar su equilibrio con el fin de limpiar mi energía y recuperar mi equilibrio.

Hoy voy a compartir estos procedimientos contigo en este libro. Aunque he incluido un amplio surtido para limpiar y proteger la energía, la mayoría lleva aparejada la comunión con la sabiduría de la naturaleza. Sí, hay sabiduría en las estrellas, en otros planetas, en los ángeles y en los maestros ascendidos, pero ¿por qué buscar la sabiduría fuera de nuestro planeta cuando aquí tenemos tanto que aprender? Yo creo que todas las respuestas que buscamos se encuentran en la naturaleza y, cuando nos tomamos la molestia de honrarla, respetarla y aprender de ella, nos recompensa con creces.

Conectar con los espíritus elementales

Desde el punto de vista espiritual, la Tierra posee el mismo espíritu y la misma conciencia que nosotros. Cada ápice de conciencia del mundo natural es una puerta a la energía pura y positiva de la fuente divina. Las plantas, las flores, los árboles, las piedras, los ríos, el mar y el viento tienen, igual que nosotros, espíritu, energía, conciencia y existencia. *Espíritus elementales* es la expresión colectiva que designa a los entes de la naturaleza.

Los elementos tierra, aire, agua, fuego y éter son los responsables del funcionamiento y desarrollo de nuestro planeta. Funcionan individual y conjuntamente no solo para preservar el desarrollo natural de la Tierra, sino también para posibilitar que los humanos fluyan y se desarrollen del mismo modo que la naturaleza. Al fin y al cabo, formamos parte de ella.

Los espíritus elementales desean que permanezcamos aquí. ¿Te has fijado en la importancia que han adquirido las sirenas, las hadas y los unicornios tanto en el plano espiritual como en la cultura popular? Estos espíritus naturales están apareciendo con más frecuencia en nuestra conciencia porque intentan llamar nuestra atención de una manera activa: saben que vamos por mal camino, sobre todo en lo que respecta al medioambiente, y su deseo es ayudarnos a encarrilarnos.

Los elementales están tendiéndonos la mano para que podamos trabajar conjuntamente y recordar cómo fluir y prosperar en armonía con la naturaleza en todos los aspectos de nuestra existencia, sobre todo en el de nuestra relación con la Tierra.

Los elementales se dividen en cinco categorías:

Elementales de la tierra: rigen nuestras relaciones con el mundo físico, entre ellas el dinero, el hogar, el cuerpo y los sentimientos de amparo, seguridad y protección. Son fantásticos a la hora de ayudarnos a alcanzar la prosperidad económica y a sentirnos enraizados en nuestra entidad corpórea y en la vida en este planeta. Las dríades, las ninfas de los bosques, los gigantes de las montañas y las hadas de las flores figuran entre los diversos elementales de la tierra, que se conocen colectivamente como *gnomos*.

Elementales del aire: se ocupan de los pensamientos y creencias, incluidos los que conciernen a nuestras vidas pasadas. Nos ayudan a desechar pensamientos y creencias limitantes, posibilitando que la sabiduría divina fluya libremente. Trabajan junto con los elementales del fuego para ayudarnos a eliminar el estrés y alcanzar la serenidad. Entre los elementales del aire, que se conocen colectivamente como *silfos*, figuran los espíritus de los cuatro vientos y las brisas.

Elementales del agua: rigen la sexualidad, las emociones y las relaciones. Representan la feminidad divina y nos ayudan a gestionar el plano emocional. Son expertos en relaciones que pueden enseñarnos a gestionar emociones reprimidas, a abrirnos de corazón y a crear relaciones enriquecedoras. Entre los elementales del agua, conocidos colectivamente como *ondinas*, se encuentran las sirenas de mar, de lago y de río; las ninfas de agua y los trasgos.

Elementales del fuego: gobiernan el ámbito del cambio, la manifestación, la motivación, la transmutación y la transformación. Representan la masculinidad divina y nos infunden valor para perseguir nuestras aspiraciones y el propósito de nuestra vida. Entre los elementales del fuego, conocidos colectivamente como *salamandras*, se incluyen el fénix, el núcleo terrestre, los dragones de los volcanes y varios dragones de sol.

Elementales del éter: supervisan el camino del alma, el propósito de la vida y las opciones profesionales. Son la encarnación del espíritu de nuestra alma y, como tales, promueven nuestra autenticidad y nuestra sabiduría espiritual. Entienden lo que supone descubrir, perseguir y vivir el propósito de nuestra vida y también colaboran con otros elementales para ayudarlos a canalizar la energía de la fuente a través de sus diversos roles. Entre los elementales del éter figuran los unicornios, los pegasos y las musas.

La habilidad de limpieza y protección de los elementales se debe a sus extraordinarios atributos energéticos y áreas de especialización. En las meditaciones y procedimientos que figuran a continuación aprenderás a conectarte y combinar las energías de varios espíritus elementales para proteger tu energía como es debido.

CAPÍTULO 13

Introducción a la limpieza y protección energética

Bien, ha llegado el momento que todos estábamos esperando. Ahora entiendes la importancia de la protección energética, tienes un conocimiento profundo de lo que es un ataque energético y cómo se produce, has conocido a tu guardián de protección energética y has identificado las ataduras energéticas que alteran tu vibración. En los capítulos siguientes aprenderás una serie de técnicas, procedimientos y meditaciones de limpieza energética que contribuirán a liberarte de ataduras externas y recuperar tu autenticidad energética.

Antes de meternos de lleno, es importante tener presente lo siguiente:

Recuerda los siete pasos de la protección energética: antes de probar cualquiera de los siguientes procedimientos, es fundamental que realices los pasos previos. Me consta que resulta tentador probar las cosas de tirón, pero si llevas a cabo estos procedimientos sin antes centrarte y enraizarte, conectarte e identificar, limitarás su eficacia.

Confía en tu intuición a la hora de elegir los procedimientos: existen diferentes métodos para los diferentes tipos de ataduras energéticas. Aunque voy a dar unas directrices generales en cuanto a los tipos de ataduras energéticas que cada procedimiento ayuda a limpiar, será más beneficioso para ti que te guíes por tu intuición a la hora de elegir el procedimiento. Cada persona es un mundo y, por tanto, cada tipo de atadura energética se manifiesta de una manera diferente en cada campo energético. Puede que una técnica funcione para limpiar mi campo energético de patrones de pensamiento colectivos, mientras que a lo mejor en ti surte otro efecto. Así pues, cuando estés listo para empezar a limpiar tu energía, recurre a tu intuición y a tu guardián de protección energética para saber qué procedimientos son los más adecuados para ti.

Ajusta los procedimientos que te funcionen: a la hora de llevar a cabo los procedimientos, tal vez sientas el impulso de ajustarlos para que armonicen con tus creencias espirituales y tu práctica espiritual. ¡Tienes total libertad para ello! Por mi experiencia, la mayoría de los procedimientos de limpieza y protección funcionan mejor cuando los hacemos nuestros. Al personalizarlos, les aportas tu propia energía y refuerzas su eficacia con tu creencia y tu intención.

También comprobarás que ya conoces o has puesto en práctica algunos. Si te han funcionado de una determinada manera, no hay ningún problema en que continúes haciéndolo. Puede que desees probar mi versión de estos procedimientos para ver si te gusta, o bien ceñirte a lo que te ha funcionado anteriormente.

En varios procedimientos, propongo invocar a diversos guías espirituales, dioses/diosas y elementales. Si ninguna de estas deidades te resuena o si prefieres trabajar con otra, confía en tu intuición y elige la que mejor te funcione.

Ojo con crear una dependencia: aunque he hecho hincapié en esto en muchas ocasiones, seguiré insistiendo en ello porque es, sin la menor duda, el aspecto más importante de la protección energética: *tú* eres quien tiene el poder de limpiar y proteger tu energía, no las herramientas, las técnicas o los guías espirituales. Todos los métodos que vas a conocer funcionan porque tú vas a poner la intención en que funcionen. Su poder emana de tu poder interior de protección. Las herramientas y los guías espirituales con los que conectarás no son ajenos a ti, sino una extensión de ti. En cuanto les cedas tu poder y te hagas dependiente de estos procedimientos, te volverás vulnerable a los ataques.

Bien, ¡todos preparados! Comencemos.

CAPÍTULO 14

Red de luz dorada

Este es el procedimiento de limpieza energética imprescindible que realizo a diario para conseguir una limpieza energética rápida y eficaz. Es tan sencillo como visualizar una red de luz dorada que penetra en tu aura y en tu cuerpo, atrapando y eliminando las ataduras energéticas. Combina el poder de la intención con las cualidades purificadoras de la luz dorada para limpiar los tipos de ataduras energéticas más sutiles, como los patrones de pensamiento colectivos y la energía espacial residual.

Aunque esta técnica también puede utilizarse para limpiar otros tipos de ataduras energéticas, en la mayoría de los casos es necesario combinarla con otras. Podrías usar la red de luz dorada para eliminar ataduras espirituales, por ejemplo, pero en la mayoría de los casos los espíritus adheridos a tu aura también han conseguido crear cordones de apego o permanecen ahí debido al contrato kármico que has hecho en una vida anterior. Por tanto, para que el procedimiento de la red de luz dorada funcione como es debido para eliminar ataduras energéticas complejas, es posible que tengas que realizar previamente algunos de los procedimientos más avanzados que trato en esta sección.

Si vas a limpiar tu energía por primera vez, es mejor dejar este procedimiento para el final porque es magnífico para eliminar las manchas energéticas residuales y la energía tóxica del campo energético después de llevar a cabo un trabajo de limpieza energética más profundo. Una vez realizada la primera limpieza a fondo, puedes emplear esta técnica como principal herramienta de limpieza energética en tu práctica diaria para eliminar cualquier tipo de energía sutil que absorbas en el día a día.

He aquí los pasos para poner en práctica este procedimiento:

1. Cierra los ojos, entra en estado meditativo y realiza los primeros tres pasos del proceso de protección energética: céntrate, enraízate y conéctate.

2. Con tu visión de 360 grados activada, visualiza tu campo energético con todas sus ataduras energéticas.

3. Visualiza una gran red tupida de luz dorada etérica a escasos centímetros bajo tus pies. Puedes visualizar cómo tu guía de protección energética, un grupo de ángeles u otros guías espirituales sujetan la red para ayudarte en el proceso.

4. Poco a poco, visualiza cómo la red penetra en tu cuerpo desde el borde inferior de tu aura en dirección ascendente hasta el borde superior de tu campo energético, por encima de tu cabeza. Entretanto, observa cómo las diversas ataduras energéticas quedan atrapadas en la red de luz dorada y son arrastradas fuera de tu campo energético.

5. Una vez que has filtrado todo, pon tu intención en hacer un nudo a la red y mándala mentalmente a los éteres para que los seres de luz que allí habitan puedan transmutarlo. Puedes visualizar cómo tu guía protector te ayuda en esto.

6. Cuando termines, transmite tu gratitud a tus guías y sal del estado meditativo.

Puedes descargar una versión ampliada de esta meditación en audio (en inglés) en GeorgeLizos.com/PYL.

CAPÍTULO 15

Retirada de dagas

La *retirada de dagas* es un procedimiento que se utiliza exclusivamente en casos de ataques psíquicos. Consiste en emplear un imán etérico para sacar las dagas psíquicas que llevas en la espalda y después limpiar y curar las heridas energéticas con el fin de impedir que las dagas vuelvan a aparecer.

Como he explicado anteriormente, los ataques psíquicos se producen cuando otras personas proyectan fuertes sentimientos de ira y envidia hacia ti. Podría tratarse de gente con la que te relacionas o de completos desconocidos. En el primero de los casos, es probable que las dagas psíquicas que alguien clava en tu espalda vayan acompañadas de un cordón de apego tóxico del que también es necesario que te liberes realizando el proceso de corte de cordones que figura en el capítulo veinticuatro. A menos que cortes ese cordón, es muy probable que esa daga vuelva a aparecer la próxima vez que esa persona piense mal de ti o abrigue sentimientos negativos hacia ti, ya que el cordón energético le brinda acceso directo a tu energía. Si no tienes relación con el agresor, para liberarte del ataque basta con que retires la daga.

Es conveniente que escanees tu campo energético para detectar dagas psíquicas después de discutir con alguien, aunque te hayas protegido previamente. Los escudos energéticos no son infalibles porque su poder protector va ligado a la frecuencia vibracional que tengas en cada instante. Si tu frecuencia vibracional disminuye en el transcurso de la discusión, tu escudo protector se debilita y te deja vulnerable a los ataques.

También he tenido que realizar este procedimiento de retirada de dagas tras haber estado en lugares muy concurridos, como en un centro comercial, en el cine, cuando viajo, etcétera. En las ocasiones en las que no he protegido mi energía antes de salir, después he identificado numerosas dagas en mi espalda provocadas por prejuicios, pensamientos o comentarios negativos sobre mí que han tenido personas con las que me he cruzado. En vez de notar la sensación de un ataque psíquico contundente, este tipo de comentarios o prejuicios de poca relevancia de los que somos objeto producen pequeñas dagas finas que no afectan negativamente a nuestra energía. Sin embargo, con el tiempo, a medida que estas pequeñas dagas se acumulan, suman su energía y pueden provocar graves bloqueos energéticos y los mismos síntomas que un ataque psíquico contundente.

Por último, también es importante estar alerta ante cualquier daga falsa autoimpuesta que pueda aparecer en la espalda, similar a las que yo había imaginado en mi campo energético ante mi expectativa de que la gente me atacara o rechazara (hablé sobre esto en el capítulo nueve). Estas dagas son generadas por creencias limitantes de autosabotaje y otros problemas de base y la única manera de erradicarlas es realizar el trabajo interior para identificarlas y arrancarlas.

He aquí los pasos para poner en práctica el procedimiento:

1. Cierra los ojos, entra en estado meditativo y realiza los primeros tres pasos del proceso de protección energética: céntrate, enraízate y conéctate.

2. Con tu visión de 360 grados activada, escanea la energía de tu espalda para detectar cualquier daga física u otra arma que pueda haber ahí.

3. Tras identificarlas, dedica un tiempo a conectar psíquicamente con ellas y ver con quién están conectadas. Puede que te venga la imagen de una persona, que sientas una determinada emoción o que recuerdes una discusión que hayas tenido. Sintoniza con la energía de cada daga, sobre todo con las que proceden de personas con las que te relacionas, y detecta cualquier cordón de apego tóxico asociado a ellas.

4. Visualiza un imán energético con el ojo de tu mente y pon la intención en activarlo para que elimine automáticamente cualquier daga de tu espalda. Cuando las hayas eliminado todas, deja que tu guardián de protección energética envíe el imán con las dagas al éter con el fin de que puedan transformarse en amor.

5. Para que las heridas etéricas de tu espalda curen y cicatricen, visualiza cómo una luz verde esmeralda se filtra a través de ellas y tu campo energético recupera su estado de plena vitalidad. Puedes pedir al arcángel Rafael, a Asclepio (el dios griego de la sanación) o a cualquier deidad sanadora que te acompañe en el proceso.

6. Cuando tu espalda recupere su brillo y esplendor, da las gracias a los guías espirituales por su ayuda y, poco a poco, sal del estado meditativo.

Puedes descargar una versión ampliada de esta meditación en audio (en inglés) en GeorgeLizos.com/PYL.

CAPÍTULO 16

Tormenta de silfos

Los *silfos* son espíritus elementales del aire que canalizan las cualidades de limpieza energética del aire. ¿No cambia la energía de tu casa siempre que abres una ventana y dejas que entre aire fresco? ¿Y a que siempre que hace mucho viento y estás al aire libre te sientes animado y vital? Los silfos son los espíritus que controlan las propiedades dinámicas y revitalizantes del viento y son capaces de mover la energía como ningún otro elemento. Son los que provocan los tornados y huracanes año tras año y, aunque resultan devastadores para los seres humanos, son consecuencias inevitables del daño que causamos y la Tierra los recibe de buen grado.

Del mismo modo que el viento mueve la energía en el mundo físico, también puede moverla en el mundo etérico. El elemento aire se asocia con nuestras funciones mentales, es decir, nuestros pensamientos y creencias, incluidos los de vidas pasadas. Dado que la huella etérica de nuestros pensamientos y creencias está presente principalmente en el tercer cuerpo mental del aura, a la hora de limpiar el aura lo más conveniente es trabajar con los silfos y el elemento aire. Con el procedimiento de la tormenta de silfos puedes eliminar patrones de pensamiento limitantes, energía espacial residual, ataduras de espíritus y cualquier otra atadura energética adherida a tu campo áurico.

Si tienes ocasión de ir a un entorno natural un día en que el viento sople con fuerza, puedes poner en práctica este procedimiento de manera más palpable pidiendo conscientemente a los silfos del viento que limpien tu aura. Yo a menudo aprovecho las ventiscas para ir a la playa, a un parque o a la montaña, y dejo que el viento obre su magia en mí; después siempre me siento limpio y animado.

He aquí los pasos para poner en práctica este procedimiento:

1. Cierra los ojos, entra en estado meditativo y realiza los primeros tres pasos del proceso de protección energética: céntrate, enraízate y conéctate.

2. Con tu visión de 360 grados activada, visualiza la energía de tu cuerpo y tu aura para identificar los diversos tipos de ataduras energéticas que en este momento empañan tu campo energético.

3. Mientras realizas respiraciones largas y profundas, nota cómo el elemento aire se manifiesta en tu cuerpo. Observa cómo tu pecho se expande y contrae con cada respiración al recibir el oxígeno vital. Nota la paz que te invade al tomar conciencia de tu respiración.

4. Expande tu conciencia para percibir cómo se manifiesta el elemento aire en el mundo que te rodea. Si estás al aire libre, siente la suave caricia del viento en la cara y observa cómo mueve las plantas, las flores y las copas de los árboles a tu alrededor. Reconoce cómo la atmósfera llena todo el planeta y sirve de vínculo entre toda la conciencia planetaria.

5. Mientras sintonizas con la esencia colectiva del aire, invoca mentalmente o en voz alta la energía colectiva de los silfos para que se manifiesten. Podrías decir: «Invoco al

espíritu divino y a los silfos del aire para que fluyan a través de mí y eliminen de mi aura lo que ya no me sirve».

6. Mientras lo dices, puede que notes la presencia de silfos sutiles, casi etéreos, volando alrededor de tu cuerpo y sobre tu cabeza, o tal vez detectes la presencia de tu silfo guardián. No tengas prisa en conocer a los silfos y agradéceles la limpieza de antemano.

7. Pide a los silfos que empiecen a dar vueltas en círculo por el perímetro de tu aura en el sentido de las agujas del reloj para limpiarlo de energía negativa. Irán ganando velocidad y provocarán una tremenda tormenta de viento o un tornado que limpiará tu aura de espíritus inferiores, patrones de pensamiento y otras energías negativas. Deja que los silfos obren su magia mientras sigues respirando profundamente.

8. Una vez completado el proceso, expresa tu gratitud a los silfos por prestarte su ayuda.

9. Cuando estés listo, pon fin a la meditación, bebe un poco de agua para enraizarte y deja que la energía de tu cuerpo se aclimate a los cambios.

Puedes descargar una versión ampliada de esta meditación en audio (en inglés) en GeorgeLizos.com/PYL.

CAPÍTULO 17

Aspirado energético

El *aspirado energético* es un poderoso procedimiento que consiste en alinearte con el poder purificador del elemento aire y los silfos para limpiar la mayoría de los tipos de ataduras energéticas. Me gusta utilizar esta técnica cuando no dispongo de mucho tiempo, por ejemplo si tengo prisa por ir a algún sitio, cuando me quedo en casa de mis amigos o cuando estoy de vacaciones. Solo se tarda unos minutos en realizarlo y funciona de maravilla para limpiar la energía.

El procedimiento de aspirado energético consiste en invocar al conjunto de los espíritus divinos del aire y la presencia de los silfos o de tu silfo particular y utilizar una aspiradora para eliminar las ataduras energéticas de tu cuerpo energético y de todas tus capas áuricas. Cuando empleo esta técnica en mi práctica o con los clientes, a menudo pido a los silfos que coloquen la boquilla de la aspiradora sobre el chakra corona para que primero aspire todas las impurezas del sistema de chakras; después procedo a limpiar el cuerpo energético y por último el aura.

Como he mencionado anteriormente, este método funciona para la mayoría de los tipos de ataques energéticos. Sin embargo, si se trata de cordones de apego tóxicos, dagas psíquicas y contratos kármicos en los que el ataque está enquistado en vidas pasadas o relaciones personales, tal vez sea necesario combinar este procedimiento con algún otro de los que figuran en esta sección del libro que sean más eficaces contra ese tipo específico de ataduras energéticas.

He aquí los pasos para poner en práctica este procedimiento:

1. Cierra los ojos, entra en estado meditativo y realiza los primeros tres pasos del proceso de protección energética: céntrate, enraízate y conéctate.

2. Con tu visión de 360 grados activada, escanea tu cuerpo energético y tu aura para identificar los diversos tipos de ataduras energéticas que en este momento empañan tu campo energético.

3. Mentalmente o en voz alta, invoca la energía divina colectiva del aire y a los silfos del aire. Podrías decir algo así como: «Invoco la esencia colectiva del aire y a los silfos del aire para que acudan a mi encuentro a limpiar mi cuerpo y mi aura de cualquier energía negativa». Mientras lo haces, visualiza el aire en todas sus formas y manifestaciones. Imagina brisas, ventiscas y tornados, así como todas las maneras en las que al aire se manifiesta en ti y en el mundo.

4. Cuando sientas la presencia del aire y los silfos del aire contigo, visualiza a los silfos o a tu guía silfo colocando una aspiradora etérica sobre tu cabeza. Al encenderla, el tubo aspira todas las impurezas energéticas de tus chakras, desbloqueándolos y restableciendo sus funciones naturales. A continuación, los silfos proceden a limpiar el resto de tu cuerpo y por último purifican tu aura, eliminando todas y cada una de las ataduras energéticas tóxicas. No olvides respirar profundamente durante todo el proceso.

5. Cuando los silfos hayan terminado y tu energía esté limpia, transmíteles tu gratitud y sal del estado meditativo con
   una magnífica sensación.

Puedes descargar una versión ampliada de esta meditación en
audio (en inglés) en GeorgeLizos.com/PYL.

CAPÍTULO 18

Respiración sagrada

De haber una técnica que realmente te ayude a conectar con tu poder de protección energética, sin duda es la *respiración sagrada*. En vez de recurrir a herramientas externas y trabajar con deidades, la técnica de la respiración sagrada solo requiere usar la intuición y el plano físico para limpiar la energía. Aunque en teoría entiendas que tu cuerpo es tu herramienta de protección energética más poderosa, es bastante diferente y liberador cuando eso se experimenta a nivel emocional y corporal por primera vez. La respiración sagrada contribuye precisamente a eso.

Básicamente, la respiración sagrada consiste en conectar con tu poder de protección energética y soplar aire por tu boca sobre tu cuerpo áurico y energético. Por medio de la intención y la visualización, permites que el aire se expanda por las zonas afectadas de tu campo energético para que arrastre lo que ya no necesitas. De manera similar al procedimiento de la tormenta de silfos, en este proceso se trabaja con el elemento aire, pero en vez de invocar a los silfos del aire se utiliza el elemento y la conciencia del aire que llevas dentro.

Aunque el soplido es bastante sutil, tu intención y la visualización aumentan su intensidad, lo que lo convierte en un potente agente de limpieza energética. Por ello, la respiración sagrada sirve para limpiar prácticamente cualquier atadura energética, sobre todo las que normalmente residen en el aura, como los patrones de pensamiento colectivos, la energía espacial residual y las ataduras de espíritus.

He aquí los pasos para poner en práctica este procedimiento:

1. Cierra los ojos, entra en estado meditativo y realiza los primeros tres pasos del proceso de protección energética: céntrate, enraízate y conéctate.

2. Con tu visión de 360 grados activada, escanea tu cuerpo energético y tu aura para identificar los diversos tipos de ataduras energéticas que en este momento empañan tu campo energético.

3. Observa cómo se manifiesta el elemento aire dentro de tu cuerpo, especialmente a través de la respiración, y todas las maneras en las que proporciona energía a tu cuerpo y tu ser.

4. Expande tu conciencia para ver cómo se manifiesta el elemento aire en tu entorno y en la naturaleza. Observa cómo se manifiesta en tu casa y en tu barrio, y visualiza mentalmente las diferentes manifestaciones del aire en el mundo: las brisas, las tormentas de viento, los tornados y los huracanes.

5. Invoca al conjunto del elemento aire diciendo mentalmente o en voz alta algo como: «Invoco la esencia colectiva del aire para que acuda a mi encuentro y limpie mi cuerpo y mi aura de toda energía negativa».

6. Una vez conectado con el conjunto del elemento aire, frunce los labios y, despacio y con cuidado, empieza a soplar en las zonas afectadas de tu aura y de tu cuerpo

energético. Donde resulta imposible, como en la espalda y el interior del cuerpo, pon tu intención en dirigir la corriente de aire desde tu boca para que fluya por esas zonas.

7. Cuando termines la limpieza, transmite tu gratitud al elemento aire y a ti mismo y finaliza el proceso.

CAPÍTULO 19

Humo sagrado

Aunque a la hora de limpiar y proteger nuestra energía trabajar con los espíritus elementales de la tierra, el aire, el fuego, el agua y el éter es increíblemente eficaz, mucha gente prefiere trabajar con los elementos en su estado físico y natural. Esto se debe, por un lado, a que como seres humanos con entidad física valoramos y confiamos más en las herramientas y procedimientos terrenales, y por otro, a que trabajar con los elementos en su estado natural requiere el uso de todos nuestros sentidos e infunde la sensación de protección.

Esto queda especialmente patente cuando trabajamos combinando la energía de los elementos fuego y aire para limpiar la energía con la técnica del humo sagrado. El humo ha sido utilizado en rituales de limpieza desde el principio de los tiempos y, si bien cada cultura ha empleado diferentes hierbas, resinas y procedimientos, todas han aprovechado las cualidades afectivas del humo para transformar la oscuridad en luz.

En este capítulo, voy a presentar diversas técnicas con las que puedes trabajar para limpiar tu energía personal con humo sagrado. Aunque la limpieza de espacios excede el ámbito de este libro, puedes utilizar los mismos procedimientos para limpiar también la energía de tu casa.

Las cualidades transformadoras del fuego y del aire

El fuego propicia el cambio y la transformación. Trasciende y abraza la forma, crea y destruye energía, de modo que puede limpiar y purificar personas y espacios al mismo tiempo. Piensa en cómo las placas tectónicas de la Tierra interactúan presionándose entre sí en el magma y provocando terremotos y erupciones volcánicas que destruyen y a la vez crean vida. Piensa en cómo el exceso de sol, la fuente de toda vida, también puede destruir. Con razón los pueblos de todos los rincones del mundo han utilizado el fuego, y continúan utilizándolo, para limpiar y purificar personas y lugares, incluso ciudades y países enteros.

El elemento aire también es un agente de cambio y transformación, pero funciona a un nivel y una frecuencia diferentes para transformar la energía. Mientras que el fuego destruye y crea la forma, el aire simplemente limpia y purifica la forma existente; esto mueve su energía y le permite alcanzar su máximo potencial. Piensa en el efecto que produce en la energía de tu casa abrir una ventana para que corra aire fresco; no cambia su forma, pero la purifica y enriquece de tal manera que también parece sufrir un cambio y una transformación. Del mismo modo, experimentamos esto cuando salimos un día que hace mucho viento. Cuando el viento sopla sobre nuestra cara y nuestro cuerpo, limpia nuestra vibración, nos calma y anima.

Para limpiar tu energía, puedes trabajar con la energía del fuego y del aire por separado, por ejemplo con los procedimientos de la limpieza con velas (capítulo veinte), la respiración de dragón (capítulo veintiuno) y la tormenta de silfos (capítulo dieciséis), o combinar los dos elementos. Cuando combinamos los elementos fuego y aire para hacer humo, y cuando lo reforzamos con el poder de nuestra intención, creamos *humo sagrado*, que es una poderosa herramienta de limpieza energética. El fénix, uno de los símbolos y elementales más emblemáticos para la transformación, encarna las cualidades del fuego y el aire y representa la renovación y transformación energética que se experimenta cuando se trabaja con estos dos elementos juntos.

Limpieza energética con humo sagrado

Dada su naturaleza etérea y mística, el humo transforma lo profano en sagrado, de ahí su uso con fines espirituales desde la antigüedad. El humo despierta directamente nuestro sentido del olfato primario, activando emociones y recuerdos y ayudándonos a difuminar los límites entre nuestros planos físico y espiritual. Como resultado de ello, el humo puede cambiar enseguida la energía de personas y espacios, lo cual lo convierte en un excelente agente de limpieza energética.

Gracias a sus cualidades de transformación, se puede utilizar para limpiar casi cualquier tipo de atadura energética, incluidas las más complejas, como los cordones de apego tóxicos, los contratos kármicos y las dagas psíquicas.

Puedes usar humo sagrado de muchas maneras para limpiar tu energía; a continuación, describo las dos más comunes.

Sahumerios de limpieza

En los sahumerios de limpieza se utiliza un manojo de hierbas liadas que se prende y se mueve lentamente alrededor del aura para esparcir su humo, mientras se visualiza cómo quema las ataduras energéticas tóxicas. Puedes mezclar varios tipos de plantas y hierbas y enrollarlas para sahumar; las más comunes son la salvia y el cedro. A mí personalmente me gusta mezclar la salvia y el romero porque combinar su energía me resulta especialmente eficaz para limpiar de energía intensa mi aura y mi casa. Combinar diferentes tipos de hierbas también aporta las cualidades nutritivas y revitalizadoras del elemento tierra y las propiedades energéticas específicas de las hierbas empleadas.

Aunque puedes comprar estos rollitos de hierbas para sahumerios en multitud de sitios en Internet o en tiendas esotéricas, siempre tienen más poder cuando los preparas tú mismo y los impregnas con tu energía e intención. Es conveniente recolectar las hierbas al amanecer, pues la energía está más limpia y fresca; pide siempre permiso y transmite tu gratitud a la planta al hacerlo. No está de más presentar una ofrenda a la planta, por ejemplo fruta, harina de maíz, un mechón de tu cabello o simplemente tu luz. Es importante tomar solamente una parte pequeña de la planta con el fin de que pueda seguir creciendo y floreciendo.

Cuando reúnas las hierbas, júntalas en forma de rollito, hazles un nudo apretado y ponlas a secar. Una vez que el rollito esté completamente seco, puedes usarlo para limpiar tu energía. Tras ponerlo en un bol ignífugo con bastante arena, préndelo y seguidamente apaga la llama para que desprenda humo. Con intención y tras realizar los pasos preliminares de la protección energética, esparce el humo con la mano alrededor de tu cuerpo comenzando desde la coronilla y bajando poco a poco hasta los pies mientras visualizas que arden todas tus ataduras energéticas. Para limpiar las ataduras que tengas dentro del cuerpo, con tu mano y tu intención, canaliza la energía del humo hacia la zona afectada.

Quemar hojas y resina

Quemar hojas de hierbas y resina es mi recurso predilecto para trabajar con humo sagrado con fines de limpieza energética porque me brinda la oportunidad de aprovechar la energía y las propiedades medicinales de diversos ingredientes. Concretamente, me gusta comprar popurrís de hierbas y resina que sirven para comunicarse con una deidad específica o para un determinado propósito, y los utilizo intuitivamente para limpiar diferentes tipos de ataques energéticos. Si, por ejemplo, estoy trabajando para liberarme de ataduras energéticas de una relación sentimental, uso una mezcla de hierbas y resina Afrodita; cuando estoy trabajando para limpiar energía y patrones de pensamiento tóxicos que guardan relación con el dinero y el ámbito laboral, opto por una mezcla inspirada en el dios Pan.

Esta forma de trabajar con popurrís de hierbas y resina te permite personalizar el proceso de limpieza para abordar específicamente las complejidades de ciertas ataduras energéticas, lo cual sirve de gran ayuda a la hora de eliminar ataduras energéticas de múltiples capas (por ejemplo, cuando una gran cantidad de ataduras energéticas proceden del mismo origen y guardan relación con él). Dicho esto, no es necesario que uses una mezcla de hierbas y resinas para tu trabajo de limpieza energética; basta con que utilices una única hierba o resina y pongas tu intención para realizar una limpieza integral. Recuerda nuestro lema: el poder de limpiar tu energía no reside en las herramientas y procedimientos, sino en ti.

Antes de proceder a quemar hierbas y resina, no olvides preparar un bol ignífugo con bastante arena o tierra para evitar el riesgo de que se produzca un incendio en el improbable caso de que el bol se resquebraje. También es conveniente colocar el bol sobre una superficie ignífuga. A continuación, pon una pequeña briqueta en el bol y vierte encima el popurrí de hierbas y resina. Puedes utilizar las que más te resuenen, que te gusten por su olor o por sus propiedades específicas. Entre las más comunes figuran la salvia, la hoja de cedro y el romero; a mí también me gustan la lavanda, los pétalos de rosa y las hojas de olivo. En cuanto a las resinas, las más comunes son el incienso, el copal, el benjuí y la mirra.

Cuando estés preparado para limpiar tu energía, coloca el bol con las hierbas y resinas que has seleccionado delante de ti, realiza los pasos preliminares del proceso de limpieza energética y después esparce con las manos el humo que despide el cuenco alrededor de tu cuerpo. Ahuecando las manos alrededor del humo, limpia tu aura suavemente empezando por la coronilla en dirección descendente hasta los pies. De manera similar al sahumerio, puedes dirigir con tu intención la energía del humo hacia zonas bloqueadas de tu cuerpo físico. Al terminar, no olvides apagar la briqueta en un recipiente con agua.

CAPÍTULO 20

Limpieza con velas

La *limpieza con velas* es una magnífica técnica para purificar al final del día la energía espacial residual y otras ataduras energéticas sutiles que hayan podido impregnarse en ti en el transcurso de la jornada. Trabaja principalmente en las tres primeras capas del aura —los cuerpos etérico, emocional y mental— y disuelve las emociones y pensamientos negativos con el fin de que termines el día con una nota positiva. Se trata de un magnífico procedimiento para quienes tienen insomnio y el sueño ligero, ya que, al eliminar los pensamientos y creencias limitantes, así como otras manchas energéticas, el cuerpo se libera de las preocupaciones y agobios que a menudo provocan el insomnio.

En este procedimiento se trabaja con las manos y la energía del fuego y sus salamandras (los elementales del fuego presentes en las velas, las hogueras y las manifestaciones del fuego a pequeña escala) para hacer un barrido por el aura y limpiar cualquier energía perjudicial. Lo único que necesitas para ello es una vela, tus manos y tu intuición.

He aquí los pasos para poner en práctica el procedimiento:

1. Cierra los ojos, entra en estado meditativo y realiza los primeros tres pasos del proceso de protección energética: céntrate, enraízate y conéctate.
2. Con tu visión de 360 grados activada, escanea las tres primeras capas de tu aura para detectar cualquier mancha energética o telaraña etérica que hayas podido atraer a lo largo del día. Podría tratarse de emociones y pensamientos negativos o energía residual que has absorbido al interactuar con personas y espacios.
3. Enciende la vela, cierra los ojos e invoca mentalmente o en voz alta la presencia colectiva del fuego y de sus salamandras. Puedes decir algo parecido a: «Invoco la esencia colectiva del fuego y a sus salamandras para que acudan a mi encuentro y limpien la energía negativa de mi aura». Mientras lo haces, visualiza el fuego en todas sus formas y manifestaciones. Imagina velas, hogueras, volcanes y el sol, así como todas las maneras en las que el fuego se manifiesta en ti, en el mundo y en el universo.
4. Abre los ojos y observa fijamente la llama de la vela mientras invocas a su espíritu elemental, la salamandra, para que se manifieste. Puedes ver, sentir, oír o simplemente percibir la presencia de la salamandra de tu vela cuando se manifieste.
5. Una vez establecida la conexión con la esencia colectiva del fuego y de la salamandra de tu vela, ahueca las manos alrededor del aura de la llama y cárgalas mentalmente con su energía.
6. Con suavidad y ceremonia, desliza las palmas de las manos a través de tu aura de arriba abajo desde la coronilla hasta

las puntas de los pies. Con cada pasada, visualiza cómo se desprenden de tu cuerpo y tu aura las huellas energéticas negativas que has detectado. Recarga tus manos con la energía del fuego cuando consideres oportuno ahuecándolas alrededor de la llama.

7. Al finalizar, transmite tu agradecimiento a la guía salamandra y apaga la vela.

CAPÍTULO 21

Respiración de dragón

Existen numerosos tipos de dragones: dragones elementales pertenecientes a los cinco elementos, dragones que habitan en otros planetas y dragones celestiales de dimensiones elevadas. Los dragones elementales de los elementos tierra, aire, fuego, agua y éter son seres naturales ancestrales que han estado presentes en el planeta desde su creación. Concretamente, los dragones de fuego se cuentan entre los primeros seres elementales que habitaron en nuestro planeta y son en gran medida responsables de su creación y posterior evolución. En sus primeras fases, la Tierra no era más que una masa de gases ígneos que se fueron fusionando lenta y progresivamente hasta formar el planeta habitable en el que vivimos hoy. Los dragones de fuego han sido la conciencia que ha dirigido este proceso de creación conjunta y siguen controlando la continua evolución del planeta.

Dado su papel crucial en la creación de vida, los dragones de fuego encarnan los atributos creadores y destructores del fuego. Así, cuando sintonizamos con ellos, nos ayudan tanto a limpiar como a proteger nuestra energía. A menudo pido a mi guía dragón, Darius, que limpie con el mismo fuego etérico cualquier tipo de atadura energética, que eleve mi vibración y que levante un escudo de fuego alrededor de mi aura para repeler la energía negativa.

Puedes realizar la siguiente meditación para trabajar con la esencia colectiva de los dragones de fuego o con tu guía dragón personal con el fin de limpiar y proteger tu energía. No obstante, igual que en el caso del elemento fuego, la energía de los dragones de fuego es bastante potente y, aunque te limpiará y protegerá de ataques energéticos, si abusas de ella puede resultar abrumadora. Te recomiendo que solamente recurras a este procedimiento cuando hayas sido objeto de un ataque energético serio y necesites una limpieza a fondo, cuando sientas que estás siendo atacado por alguien y necesites crear un poderoso escudo para protegerte o cuando te sientas decaído y necesites un chute de energía.

He aquí los pasos para poner en práctica el procedimiento:

1. Cierra los ojos, entra en estado meditativo y realiza los primeros tres pasos del proceso de protección energética: céntrate, enraízate y conéctate.

2. Con tu visión de 360 grados activada, escanea tu cuerpo energético y tu aura para detectar los diversos tipos de ataduras energéticas que empañan tu campo energético.

3. Mientras realizas respiraciones largas y profundas, observa cómo se manifiesta el elemento fuego en tu cuerpo. Presta atención a los latidos de tu corazón y a cómo la sangre que corre por tus venas te revitaliza y mantiene tu calor corporal.

4. Expande tu conciencia para ver cómo se manifiesta el elemento fuego a tu alrededor y en la naturaleza. Observa cómo se revela en los aparatos que utilizas, en las velas, en las hogueras y en el calor del sol. Visualiza mentalmente cómo arde el núcleo terrestre, el magma que hay debajo y la lava que expulsan los volcanes en erupción en todos los rincones del mundo.

5. Invoca la energía colectiva del fuego y a los dragones de fuego diciendo algo parecido a: «Invoco la esencia colectiva del fuego y a los dragones de fuego para que acudan a mi encuentro y limpien toda energía negativa de mi cuerpo y mi aura».

6. Mientras lo haces, puede que veas dragones de fuego cerniéndose sobre tu cabeza o tal vez a tu dragón guardián enroscándose alrededor de tu cuerpo. Tómate tu tiempo para conocer a los dragones y transmíteles tu gratitud por la limpieza.

7. Pide a los dragones que expulsen su fuego divino a través de tu cuerpo con el fin de quemar cualquier ataque energético que esté bloqueando el fluir de tu energía. Si deseas aprovechar las cualidades protectoras del fuego, también puedes pedir que te revitalice, eleve tu vibración y forme un escudo llameante alrededor de tu aura que queme todos los ataques energéticos dirigidos a ti.

8. Una vez finalizado el proceso, dedica unos minutos a expresar tu agradecimiento a los dragones por su servicio. A continuación, sal del estado meditativo, bebe un poco de agua para enraizarte y deja que la energía de tu cuerpo se aclimate a los cambios.

Puedes descargar una versión ampliada de esta meditación en audio (en inglés) en GeorgeLizos.com/PYL.

CAPÍTULO 22

Agua sagrada

Prácticamente todas las civilizaciones a lo largo y ancho del mundo han utilizado el agua para limpiar, bendecir y purificar a personas y espacios desde hace miles de años. Los antiguos griegos se bañaban en ríos y manantiales antes de participar en rituales de purificación y ceremonias de culto mistérico con el objetivo de santificar el cuerpo y la energía antes de invocar a los dioses. En la tradición islámica, los creyentes realizan la ablución como ritual de purificación del cuerpo y el alma previo a la oración, mientras que en el cristianismo se utiliza el bautismo para purificar y ungir a los recién nacidos y el agua sagrada para limpiar y bendecir las casas. En el hinduismo, el Ganges se considera un río sagrado, y muchos peregrinos se bañan en sus aguas para limpiarse y purificarse.

También puedes beneficiarte de las propiedades purificadoras de la energía del agua en tu propia práctica espiritual o cuando visites los diversos pozos y manantiales de agua sagrada repartidos por el mundo. El agua es asimismo un elemento vital para limpiar tu energía con esencias florales y cristales; en baños y duchas donde se utilizan cristales, sales y aceites esenciales, o simplemente cuando te das una ducha relajante al final de un día ajetreado. El agua ha sido un agente purificador tan prevalente en numerosas culturas a lo largo de los tiempos que su uso para limpiar a las personas y los espacios se ha convertido en un ritual instintivo.

En este capítulo, voy a profundizar en las cualidades y usos del agua para la limpieza energética y a compartir varias maneras de utilizarla en tu práctica.

Las cualidades purificadoras del agua

El agua no solo es un elemento purificador para el ser humano, sino para el conjunto del planeta. Las corrientes oceánicas, que se desplazan sin cesar para limpiar y eliminar las toxinas e impurezas que vamos dejando en el planeta, también transforman y reciclan la energía constantemente. En tierra firme, el agua de lluvia limpia la atmósfera de gases industriales y contaminación, y dispersa las nubes de energía y los patrones de pensamiento colectivos tóxicos que emitimos al éter. El delicado equilibrio del ciclo del agua y sus propiedades limpiadoras se ha mantenido a lo largo de eones, conservando el bienestar del planeta y garantizando su supervivencia.

Como conductora de energía, el agua posee la habilidad de moverse y, por tanto, de transformar la energía. El fuego transforma la energía mediante la destrucción y la creación, mientras que las propiedades transformadoras del agua tienen que ver con el movimiento y el fluir de la energía. Al mover la energía, el agua rompe el estancamiento y la rigidez y permite que la energía adopte una forma diferente. Desde el punto de vista emocional, el agua contribuye al movimiento, y por tanto a expresar nuestras emociones y cambiarlas a nuevos estados normalmente más positivos, posibilitando la purificación.

Como todos los elementos, el agua posee espíritu, conciencia y energía. Numerosas tradiciones espirituales, como las de los griegos, persas e hindúes, han adorado a diversos dioses, diosas, deidades y seres elementales del agua, reconociendo así las propiedades sanadoras y purificadoras de este elemento en sus diversas manifestaciones. Por ello, cuando trabajamos con agua en la limpieza energética, no solo nos beneficiamos de sus propiedades físicas, sino también de la energía vital, la esencia espiritual y los espíritus elementales existentes en ella, los cuales trabajan conjuntamente para limpiarnos, bendecirnos y protegernos.

Cómo preparar agua sagrada

A efectos prácticos, la mejor manera de trabajar con agua sagrada es prepararla con el fin de usarla posteriormente de diversas formas, por ejemplo rociándola, bebiéndola o vertiéndola en la bañera para disolver, limpiar y transformar los ataques energéticos.

Puedes conseguir agua sagrada en templos o santuarios pertenecientes a tu culto espiritual o en fuentes de agua sagrada, como manantiales, ríos, pozos, la lluvia y el mar, o prepararla tú mismo. Básicamente, el agua sagrada es agua impregnada de intención, plegarias, luz, cristales, flores y otros elementos naturales o simbólicos. Cuando el agua sagrada procede de un templo o de otro lugar sagrado, lleva instiladas la intención y las oraciones de la persona o personas específicas que la crearon. Cuando el agua procede de una fuente sagrada, lleva instiladas la intención y la esencia de la naturaleza y de los espíritus elementales existentes en ese lugar en concreto. Cuando la preparas tú mismo, tienes la oportunidad de poner la intención o elegir las propiedades específicas que deseas que tenga.

Cuando preparo agua sagrada para la limpieza energética y otros fines, me gusta usar agua sagrada natural de diversos orígenes y cargarla con luz, cristales, aceites esenciales, flores y símbolos. He utilizado agua sagrada, por ejemplo, de la cueva del Manantial Blanco y del pozo del Jardín del Cáliz en Glastonbury, en el Reino

Unido; de la playa de la Roca de Afrodita, en Chipre, y de la fuente de Castalia, en el templo de Apolo, en Grecia. Después la he mezclado con otros ingredientes y he puesto mi intención con el fin de hacerla propia. En realidad, a la hora de preparar agua sagrada no hay normas establecidas siempre y cuando lo hagas de una manera consciente y poniendo tu intención.

Si no tienes acceso a agua natural, es importante que optes por agua embotellada en su origen —en botella de cristal— para asegurarte de que posea una vibración elevada y que carezca de contaminantes derivados del plástico. En el caso de que tampoco te sea posible conseguirla, puedes usar agua del grifo y dejarla al sol unas cuantas horas para elevar su vibración.

Una vez que consigas el agua, es necesario que la cargues con el propósito de crear agua sagrada antes de usarla para la limpieza energética.

Cómo cargar el agua

No es necesario cargar el agua procedente de manantiales naturales, templos y santuarios; ya es sagrada y puedes usarla directamente para limpiar tu energía mediante los procedimientos que explico en el apartado siguiente. No obstante, tienes la opción de cargarla para añadirle la intención y las cualidades específicas que desees.

Por el contrario, sí es necesario cargar el agua del grifo o la embotellada porque ha permanecido en reposo cierto tiempo y es probable que haya perdido gran parte de su energía vital y de sus propiedades energéticas naturales. Como he mencionado anteriormente, la carga del agua requiere intención, oraciones, varias fuentes de luz, cristales, flores, aceites esenciales y símbolos que le instilen una determinada energía.

A continuación, describo las formas más comunes y potentes de cargar el agua para la limpieza energética.

Luz celestial

La manera más sencilla de cargar el agua es dejar que absorba la luz del sol, la luna y las estrellas. Estas luces celestiales son un reflejo de nuestra luz interior y poseen cualidades únicas que contribuyen a limpiar diferentes tipos de ataques energéticos.

- La luz del sol, que posee yang y cualidades energizantes y estimulantes, es magnífica para limpiar ataduras energéticas serias, como las de espíritus, las dagas psíquicas provocadas por la ira o los celos y los cordones de apego tóxicos que guardan relación con personas, vidas pasadas traumáticas y creencias limitantes. Las propiedades de la luz solar también son estimulantes y estupendas para limpiar la energía de tedio y letargo, especialmente por su relación con el propósito de nuestra vida.
- La luz de las estrellas, que posee yin, cualidades femeninas, fortalecedoras y revitalizadoras, es magnífica para cuando te sientes desprotegido y vulnerable, por ejemplo si has discutido con alguien y sientes fuertes vibraciones negativas procedentes de esa persona o si te sientes agobiado después de estar con un grupo numeroso de individuos. El agua impregnada de luz estelar contribuirá a que te sientas seguro, nutrido y protegido, y al mismo tiempo desprenderá las capas de energía tóxica que hayas podido atraer.
- La luz de la luna aporta equilibrio combinando la energía femenina de la luna y la masculina del sol. El agua impregnada de luz de la luna te ayudará a restablecer el equilibrio de tu campo energético una vez que lo hayas limpiado de

ataduras energéticas, posibilitando que tu vibración se eleve de manera natural y refuerce tus defensas áuricas naturales. Es magnífica como complemento a otras prácticas de limpieza energética.

Para cargar el agua de luz celestial, viértela en un bol de cristal o cerámica y déjala al aire libre bajo la luz que elijas durante al menos tres horas. Es mejor preparar el agua de luz solar por la mañana temprano, el agua de luz de la luna con luna llena y el agua de luz de las estrellas durante la fase oscura de la luna.

Oraciones y mantras

La manera más fácil de preparar agua sagrada es rezar junto a ella. En *Los mensajes ocultos del agua,* un superventas en la lista de *The New York Times*, el científico japonés Masaru Emoto relata cómo expuso el agua a diversas palabras, música e imágenes y luego la congeló y fotografió los cristales que se formaron. Lo que descubrió fue que el agua expuesta a pensamientos, música e imágenes positivos creaba cristales simétricos de gran belleza estética, mientras que el agua expuesta a medios negativos formaba estructuras amorfas y aleatorias. Llegó a la conclusión de que el agua es un «boceto de nuestra realidad» y que nuestros pensamientos, palabras y energía pueden alterar la estructura molecular del agua.[2]

Desde esta perspectiva, cuando ponemos nuestra intención de manera consciente y positiva en el agua por medio de oraciones y mantras, expandimos literalmente su estructura y le instilamos una determinada energía. Para preparar agua sagrada con fines de limpieza energética puedes recitar cualquier oración o mantra que te aporte seguridad y protección o tu propia plegaria. Personalmente, me gusta inventarme mis propias oraciones o frases en las que pongo mi intención, las cuales repito unas cuantas veces, bien sosteniendo el bol de agua cerca de mi corazón, o bien extendiendo las manos hacia él, mientras visualizo cómo fluyen mis oraciones e intenciones hacia ella.

Agua de luz arcoíris

Cargar agua con luz arcoíris es un recurso rápido para energizar el agua del grifo o la embotellada, sobre todo cuando no hay demasiada luz solar. La luz arcoíris, que contiene todos los colores de los chakras, limpia y eleva la vibración de estos y el conjunto del cuerpo energético. Fíjate en cómo te sientes cuando ves el arcoíris después de una tormenta: se te ilumina la cara y te quedas embelesado con su belleza etérea. El arcoíris nos reconecta con los sentimientos de esperanza, regocijo, el espíritu juguetón y la pureza de nuestro niño interior, es decir, con nuestra verdadera esencia. Nos recuerda que las situaciones difíciles se presentan y pasan, y que al final, todo está bien.

Para preparar agua de luz arcoíris, extiende tu mano dominante sobre un vaso o un bol de agua y a continuación muévela en círculo en el sentido de las agujas del reloj mientras visualizas cómo la luz arcoíris se proyecta hacia fuera y dentro del agua. Para que sea ultrapotente, puedes pedir a tu guía unicornio o a la esencia colectiva de los unicornios que proyecten el haz de luz arcoíris a través del agua. El *haz de luz arcoíris* es una forma de luz arcoíris de alta vibración y dimensión que aumentará el poder de tu agua arcoíris (más información sobre el haz de luz arcoíris en el capítulo veintiséis).

Puedes utilizar agua de luz arcoíris para limpiar tu energía mediante los procedimientos que figuran en la siguiente sección o para energizar el agua del grifo o embotellada y posteriormente cargarla.

Agua de cristales

El agua de cristales es fabulosa, pues combina las cualidades purificadoras de la tierra y el agua. Todas las piedras y los cristales poseen propiedades energéticas y físicas únicas, y, cuando se pone la intención al usarlos, pueden ayudarnos a limpiar y proteger nuestra energía. Dado que la sanación con cristales excede el ámbito de este libro, puedes consultar libros y páginas web sobre cristales o guiarte por tu intuición para elegir los que posean propiedades limpiadoras y emplearlos en la preparación de agua de cristales.

Mis cristales favoritos para fines de limpieza energética son la obsidiana, la turmalina negra, la shungita, la apofilita, el cuarzo ahumado, la amatista y el cuarzo rosa. Para preparar agua de cristales, simplemente mete los cristales limpios en un bol de agua y déjalos ahí veinticuatro horas para que el agua absorba su energía. Es conveniente poner el bol de agua fuera o cerca de una ventana para que la luz natural potencie su carga.

El agua de cristales se puede rociar, vaporizar o usar en el baño, pero bajo ningún concepto debe beberse a menos que se tenga la seguridad de no correr ningún riesgo: es posible utilizar ciertos cristales para crear agua potable, pero otros tienen sustancias tóxicas, como plomo, mercurio y arsénico.

Agua de hierbas y flores

Otra manera estupenda de combinar las cualidades limpiadoras de la tierra y el agua es preparar agua sagrada con flores, hierbas, esencias florales y aceites esenciales. Cada flor y cada planta posee propiedades energéticas y medicinales específicas, entre ellas de limpieza energética. Cuando añades al agua plantas y flores o extractos de aceites esenciales y esencias florales, consigues crear elixires complejos y potentes que puedes utilizar para limpiar y proteger tu energía.

Para preparar agua de hierbas o flores, elige una y añade la flor entera, los pétalos o las hojas al agua. Con el fin de aprovechar al máximo sus propiedades energéticas, es conveniente usar hierbas y flores naturales que no hayan sido tratadas. Tómate tu tiempo para conectar con la esencia divina colectiva de la planta elegida, agradécele que te aporte su fuerza vital y pide a su espíritu que te ayude a limpiar tu energía. Deja el bol de agua fuera como mínimo tres horas bajo el sol de la mañana o la luz de la luna llena para que absorba la esencia vibracional de la planta.

Si no te es posible conseguir la hierba o flor de tu elección, puedes echar tres gotas de su aceite esencial o cinco gotas de su esencia respectivamente. Antes de echar las gotas al agua, tómate tu tiempo para conectar con la esencia divina colectiva de la planta, transmítele tu gratitud y pide a su espíritu que te apoye.

A la hora de elegir hierbas y flores con las que trabajar, puedes consultar diversos libros, buscar en Internet o guiarte por tu intuición. Mis favoritas para la limpieza energética son el cedrón, el romero, la salvia, el pino, el cedro, el narciso y la rosa.

A la hora de beber agua de hierbas y flores, más vale pecar siempre de precavidos. A diferencia de algunas hierbas, flores y aceites esenciales aptos para el consumo, ciertas plantas contienen sustancias tóxicas o pesticidas de los que tal vez no estemos al corriente. Las esencias florales, sin embargo, son aptas para el consumo porque solo contienen la esencia energética de las flores, no sus propiedades físicas. (Las esencias florales son diferentes a los aceites esenciales; estos incluyen componentes químicos de las flores que pueden ser tóxicos, mientras que las primeras solo poseen la energía de las flores).

Cómo conservar el agua sagrada

Después de preparar agua sagrada, es importante tratarla como tal. No olvides utilizar botellas de cristal o cerámica para guardarla; prescinde de recipientes de plástico, ya que pueden contaminar el agua a nivel químico y energético. Si preparas diferentes tipos de agua sagrada para destinarla a diversos fines, no está de más etiquetarlas. A mí me gusta especificar en la etiqueta tanto los ingredientes del agua sagrada como su finalidad para poder elegir los elixires rápida y fácilmente en función del tipo de limpieza que necesite. Para conservar mejor el agua sagrada, guarda las botellas en un lugar oscuro, por ejemplo en un cajón o un armario, a temperatura ambiente.

Formas de utilizar el agua sagrada

El agua sagrada se puede utilizar para limpiar la energía de diversas maneras. Las que describo a continuación son mis predilectas, pero tienes total libertad para experimentar y usar el agua sagrada de la manera que consideres más conveniente.

Agua sagrada vaporizada o pulverizada

Esta es mi manera habitual de utilizar el agua sagrada para la limpieza energética. Se realiza principalmente, más que para limpiar el cuerpo energético, para limpiar el aura, y los tipos de ataduras energéticas que puedes eliminar con ella dependen tanto de las cualidades energéticas de tu agua sagrada como de tu intención.

Para ponerlo en práctica, basta con verter el agua sagrada en un bote de cristal con atomizador o añadir unas cuantas gotas de agua sagrada a un bote de cristal con atomizador lleno de agua corriente. Antes de pulverizarla, invoca al espíritu colectivo del agua y realiza los primeros pasos del proceso de limpieza energética descritos en el capítulo siete. Seguidamente, pulveriza una generosa cantidad de agua alrededor de tu aura, empezando por la coronilla, en dirección descendente hasta los pies. Como esta técnica es más adecuada para limpiar el aura, no es necesario que pulverices el agua sobre tu cuerpo.

Rociado con agua sagrada

El rociado es similar al pulverizado, pero también es adecuado para limpiar la energía de tu cuerpo físico además de la de tu aura. Consiste en verter el agua sagrada, o unas cuantas gotas, en un bol de cristal o cerámica lleno de agua corriente y a continuación, con una brizna de hierba o una flor, rociar el agua sobre el cuerpo y alrededor del aura. A mí me gusta utilizar hierbas aromáticas como la albahaca, la menta, la lavanda, el romero, la salvia o cualquier otra hierba o flor de temporada que me resuene en un momento dado. El beneficio adicional de rociar el agua sagrada en vez de pulverizarla es que también se aprovechan las propiedades medicinales, espirituales y energéticas de las hierbas y flores que se utilizan para rociarla, lo cual potencia el proceso de limpieza.

Beber agua sagrada

Si tu agua sagrada es apta para el consumo (es decir, que se ha prescindido de cristales, hierbas o flores tóxicos en su preparación), puedes beberla de varias maneras para limpiar tu energía.

A mí me gusta echar unas cuantas gotas de agua sagrada en un vaso de agua corriente y beberla de manera consciente y con ceremonia. Antes de hacerlo, es importante dedicar unos minutos a invocar al espíritu colectivo del agua y pedirle que su presencia fluya a tu vaso de agua. Luego, toma el vaso entre las manos, llévatelo a la boca y roza el agua ligeramente con los labios. Toma un sorbito y, mientras tragas, visualiza que la energía del agua se expande en tu cuerpo y tu aura y limpia las ataduras energéticas tóxicas. Continúa sorbiendo de manera consciente hasta el final.

Otra manera de beber agua sagrada para la limpieza energética es verterla en un frasco cuentagotas de cristal y tomar cinco gotas cinco veces al día. Hacerlo a diario durante un mes es muy beneficioso, no solo para limpiar tu energía, sino también para fortalecer tus defensas energéticas naturales a largo plazo. Es similar a la forma de ingerir esencias florales y otros elixires homeopáticos: posibilita que el agua sagrada realice una limpieza y refuerce considerablemente las diversas capas de tu aura y tu cuerpo energético.

Baño de agua sagrada

Darse un baño purificador añadiendo al agua diferentes tipos de sales y aceites esenciales es una manera habitual y eficaz de limpiar tu energía. Para que la limpieza sea aún más profunda, puedes añadirle unas cuantas gotas de agua sagrada o simplemente darte un baño sin utilizar ningún ingrediente adicional. Incluso puedes convertir el agua de la bañera en agua sagrada por medio de oraciones, mantras, cristales, flores o luz arcoíris.

Cuando tu baño purificador esté listo, realiza los primeros pasos de la limpieza energética y a continuación sumérgete en el agua y visualiza que todas las ataduras energéticas negativas se desprenden de tu cuerpo y se disuelven en ella. He comprobado que los baños purificadores son más eficaces que pulverizar, rociar o beberse el agua simplemente porque te permiten sumergirte en una masa de agua durante un mayor periodo de tiempo, lo cual posibilita una limpieza más profunda.

Una opción más natural de purificarse es bañarse en el mar, un lago, un río o bajo una cascada. Como he mencionado al principio de este capítulo, el agua natural ya es sagrada porque posee la huella energética de la Tierra, el sol, la luna y las estrellas, así como la energía colectiva del reino de los espíritus elementales.

El agua es una potente transmisora de energía; estas son solo algunas sugerencias de uso para la limpieza energética. Cabe la posibilidad de realizar estos procesos tal y como he descrito o inspirarte para encontrar nuevas formas de usar el agua para limpiar y purificar tu campo energético.

CAPÍTULO 23

Ducha limpiadora
con unicornios

La primera vez que leí acerca de las duchas limpiadoras con unicornios fue en el libro de Diana Cooper *La maravilla de los unicornios*, y desde entonces he perfeccionado el procedimiento para ajustarlo a mi visión de la limpieza energética y los unicornios. Los unicornios son espíritus elementales y extensiones espirituales de nuestras almas que facilitan el intercambio de sabiduría divina y energía vital entre el plano físico y el espiritual.

Los unicornios representan nuestra verdadera naturaleza y, por tanto, tienen la llave para descubrir y perseguir el propósito de nuestra vida. Cada uno de nosotros tenemos un guía espiritual unicornio que simboliza la encarnación de nuestro verdadero yo, en sintonía con el propósito de nuestra vida y con el conocimiento de cómo podemos perseguirlo y cumplirlo. En mi segundo libro, *Lightworkers Gotta Work*, incluí varias meditaciones guiadas de unicornio específicas para descubrir y perseguir el propósito de la vida. En este libro, voy a centrarme en la habilidad de los unicornios para ayudarnos a alinearnos con nuestra verdadera esencia y naturaleza: nuestra identidad energética.

Darse una ducha limpiadora con unicornios consiste en pedir a tu guía unicornio que proyecte sobre el agua de tu baño o tu ducha el haz de luz arcoíris, que limpia y eleva la energía. El *haz de luz arcoíris* es una luz divina de alta vibración y dimensión que posee la frecuencia más elevada de todos los colores del arcoíris y puede elevar la vibración de cualquier cosa con la que entra en contacto. Los unicornios canalizan el haz de luz arcoíris a nivel humano con el fin de que podamos trabajar con ella para potenciar nuestra energía.

Convertir tu ducha nocturna en una ducha limpiadora con unicornios es sumamente beneficioso para limpiar tu energía y elevar tu vibración al final del día. Este proceso combina las cualidades limpiadoras y purificadoras del agua con la energía revitalizadora del haz de luz arcoíris para eliminar la mayoría de los ataques energéticos que recibes a lo largo del día, como energía espacial residual, patrones de pensamiento y casos leves de ataques psíquicos.

He aquí los pasos para poner en práctica este procedimiento:

1. Cierra los ojos, entra en estado meditativo y realiza los primeros tres pasos del proceso de protección energética: céntrate, enraízate y conéctate.

2. Con tu visión de 360 grados activada, visualiza tu cuerpo energético y tu aura para detectar los diversos tipos de ataduras energéticas que empañan tu campo energético.

3. Tu corazón es la puerta de tu alma y el elemento del espíritu que hay en ti. Con las manos sobre tu pecho, visualiza una chispa de luz blanca en el centro de tu corazón, que simboliza la manifestación de la energía de tu alma. Con cada respiración, visualiza cómo esta chispa de luz blanca se propaga cada vez más hasta cubrir todo tu cuerpo y tu aura. La luz es la energía del alma que da vida a tu ser y tu conciencia; sirve de puente entre el plano físico y el espiritual.

4. Expande tu conciencia para percibir cómo el elemento éter se manifiesta en el mundo que te rodea. Observa cómo la inteligencia divina de todos los seres animados y objetos inanimados fluye sin cesar a través de ellos, cómo nuestro planeta se mueve en perfecta proximidad a otros planetas y cómo esta inteligencia divina rige la vida y el conjunto del universo.

5. Mientras te conectas con la esencia colectiva del elemento éter, invoca mentalmente o en voz alta a tu guía unicornio para que se manifieste. Podrías decir: «Invoco a mi guía unicornio para que acuda a mi encuentro y limpie mi cuerpo y mi aura de todo aquello que ya no me sirve».

6. En ese momento, verás, sentirás, oirás o notarás la presencia de tu guía unicornio. Pídele que apunte con su cuerno, o alicornio, hacia el agua que sale por la alcachofa de la ducha y que la impregne con el haz de luz arcoíris con el fin de limpiar todas las ataduras energéticas perjudiciales y elevar tu vibración.

7. Ponte bajo el agua y deja que fluya sobre ti. Visualiza cómo la energía del agua impregnada de luz arcoíris fluye a través de tu cuerpo físico y se expande a través de tu aura, disolviendo todo aquello que hayas absorbido a lo largo del día que no esté alineado con tu verdadera esencia.

8. Cuando te sientas completamente limpio, tanto física como energéticamente, expresa tu gratitud a tu guía unicornio y sal de la ducha revitalizado.

CAPÍTULO 24

Corte de cordones de apego tóxicos

Hay multitud de herramientas, métodos y guías espirituales para cortar cordones de apego tóxicos, al igual que diversas formas de limpiar el cuerpo etérico, el aura y los chakras. No obstante, mi método favorito para cortar estos lazos no requiere instrumentos ni guías espirituales, pues se utiliza exclusivamente el cuerpo físico, sobre todo las manos.

Como he comentado anteriormente, las únicas herramientas que en realidad se necesitan para la limpieza y protección a nivel espiritual son el cuerpo y la intención; cualquier otro instrumento o ser espiritual tan solo aumenta y refuerza tu propio poder. A pesar del hecho de que podríamos cortar cordones de apego inmediatamente con dichas herramientas y seres, creo que, dado el carácter íntimo de estos lazos, es más eficaz hacer de esto una tarea totalmente personal.

Los cordones de apego tóxicos, a diferencia de otros tipos de ataduras energéticas —como los patrones de pensamiento colectivos, los espíritus inferiores y la energía espacial residual, los cuales a menudo se absorben de manera espontánea e inconsciente en la interacción con personas y espacios en el día a día—, se crean deliberadamente a lo largo del tiempo. La mayoría de estos lazos son el resultado del tiempo y la energía que dedicas a los demás por voluntad propia, en los ratos compartidos y en las conversaciones. Aunque es posible que estos cordones fueran positivos al inicio de una relación, se han vuelto negativos a medida que esta se ha deteriorado.

Lo mismo ocurre con los cordones de apego tóxicos con lugares, objetos, creencias, mascotas fallecidas, vidas pasadas, etcétera. A pesar de que no son seres vivos, todavía puedes interactuar con su energía y su existencia. Te relacionas con esos lugares, creencias limitantes, objetos y vidas pasadas del mismo modo que te relacionas con otros seres humanos.

Dado que se trata de vínculos personales, he descubierto que para liberarse de ellos es necesario un proceso igual de personal, y nuestra cualidad física es la herramienta ideal para ello.

Procedimiento de corte de cordones

Para cortar y liberarte de los cordones de apego tóxicos que te unen a personas, lugares, objetos, creencias y vidas pasadas que hayas identificado en tu sesión de escaneo, sigue los siguientes pasos:

1. Cierra los ojos, entra en estado meditativo y realiza los primeros tres pasos del proceso de protección energética: céntrate, enraízate y conéctate.

2. Con tu visión de 360 grados activada, escanea tu cuerpo energético y tu aura para identificar los diversos cordones de apego tóxicos que empañan tu campo energético.

3. Tómate tu tiempo para tocar con cuidado cada cordón y ver hasta dónde conduce. Mientras lo haces, sentirás a la persona, el lugar, el objeto, la creencia o la vida pasada a los que está unido. Durante el proceso, ten cuidado de no

avivar ningún sentimiento de ira, dolor o rencor, pues con ello únicamente reforzarás el vínculo. Observa sin más los cordones y toma nota mentalmente de lo que significan.

4. Una vez que has descubierto todos los cordones, llega el momento de cortarlos y liberarte de ellos. Imbúyete de poder para limpiar tu energía mientras permaneces sentado o de pie, con los ojos abiertos o cerrados. Siente cómo la energía vital fluye a través de ti y te conecta con el cielo y el suelo; ten presente y afirma que cuentas con todo lo necesario para soltar por completo estos vínculos tóxicos.

5. Considera tu mano dominante como una herramienta en este proceso. Cuando estés listo, separa los dedos para extender al máximo la palma de la mano, pásala rápidamente por cada cordón y córtalo como si tu mano fuera un cuchillo energético. Mientras tanto, repite para tus adentros o en voz alta: «Te libero total y completamente de mi vida». Expresa tu amor y gratitud a las personas, lugares, objetos, creencias y vidas pasadas que tanto te han enseñado. El enojo, el rencor o cualquier otra energía negativa obstaculizará el proceso, así que trata de evitarlos. Entre cada corte, realiza unas cuantas respiraciones profundas para volver a focalizar tu energía.

6. Tras liberarte de todos los cordones, siéntate en silencio como mínimo durante cinco minutos para aclimatarte a los cambios mientras transmites tu amor y agradecimiento a lo que has soltado.

7. Cuando sientas que el proceso ha finalizado, sal del estado meditativo y dúchate para limpiar y enraizar tu energía.

Puedes descargar una versión ampliada de esta meditación en audio (en inglés) en GeorgeLizos.com/PYL.

Cómo liberarse de cordones enquistados

A la hora de cortar un cordón de apego, es importante recordar que la tarea no termina una vez que se corta. Al hacerlo, te liberas energéticamente de esa persona, lugar, objeto, creencia o vida pasada, poniendo la intención en que ya no deseas que te afecte negativamente. Dicho esto, es posible que tu vínculo físico perdure. A lo mejor sigues viendo a esas personas a diario, teniendo esas creencias negativas o pasando tiempo en ciertos lugares. Como resultado de ello, algunos de esos cordones pueden reaparecer y volver a crear esas ataduras tóxicas.

Para evitarlo, debes prepararte para realizar el trabajo en las situaciones que surjan poco después de la sesión de corte de lazos. Tras liberarte de estas ataduras a nivel espiritual, y por tanto cambiar tu energía, atraerás situaciones, encuentros y circunstancias que te permitirán liberarte de ellas también a nivel físico.

Se te podría presentar la oportunidad, por ejemplo, de hablar con el corazón en la mano con algunas de esas personas para poner fin con una actitud serena y asertiva a tu relación con ellas o cambiarla. Podrías recibir una oferta de trabajo en otra ciudad o sentir la necesidad de realizar un cambio en tu vida que implique romper una dependencia con un objeto o una sustancia. Podrías sentir el deseo de leer un libro, asistir a un taller o apuntarte a un curso *online* que te proporcione toda la información necesaria para desechar totalmente una creencia limitante o para superar un trauma de una vida pasada.

Es crucial que aproveches estas oportunidades cuando se presentan. Tu ego interferirá casi con toda seguridad para obstaculizar el proceso de sanación apaciguando a estas personas, mitigando tu dolor y haciendo que niegues lo que has padecido. Es entonces cuando hay que ser consciente de dichos pensamientos de autosabotaje y armarse de valor para desecharlos y completar el proceso de corte de cordones.

TERCERA PARTE

Protege tu energía

CAPÍTULO 25

Introducción a la protección energética

Ahora que has identificado y limpiado las ataduras energéticas tóxicas de tu campo energético, estás preparado para protegerte con varias capas de luz. Esta protección te servirá de escudo energético en el día a día para mantener elevada tu vibración, reforzar tus defensas energéticas y repeler ataques energéticos.

Si has puesto en práctica la protección energética anteriormente, lo más probable es que estés familiarizado con la protección con luz blanca o que hayas pedido al arcángel Miguel que te envuelva con luz púrpura. Tal vez también hayas utilizado cristales como la turmalina negra y la obsidiana para repeler la energía negativa o le hayas pedido a tus ángeles de la guarda que hagan de guardaespaldas espirituales cuando sabías que ibas a rodearte de vampiros energéticos. Si bien estos recursos son excelentes para proteger tu energía, no todos funcionan para cualquier tipo de ataque energético. De la misma manera que necesitamos diferentes prendas para diferentes ocasiones, también necesitamos usar diferentes escudos protectores, o una combinación de varios, cuando nos exponemos a diferentes personas, lugares y circunstancias.

En esta parte del libro, voy a presentar un medio más sofisticado de protección energética que te ayudará a elegir y combinar los escudos energéticos adecuados para cada situación.

Tipos de escudos

Hay tres tipos de escudos que puedes usar a la hora de proteger tu energía de ataques energéticos.

Escudos repelentes: tal y como su nombre indica, el cometido de estos escudos es repeler la energía negativa. En vez de limitarse a reforzar tu mecanismo de protección natural, incorporan una capa protectora adicional a tu aura que mantiene a raya las ataduras energéticas procedentes del exterior.

Así pues, los escudos repelentes son de utilidad cuando sales por ahí y te expones a personas o lugares desconocidos, por ejemplo cuando vas a bares, restaurantes, salas de conciertos y otros espacios públicos. También son excelentes para protegerte de personas tóxicas, especialmente en enfrentamientos, y funcionan bien en las relaciones con miembros de la familia tóxicos y vampiros emocionales.

Según su grado de resistencia, hay escudos repelentes ligeros, fuertes e impenetrables. A menudo, la resistencia del escudo depende de la manera de programarlo, mientras que otras veces tiene que ver con sus características específicas. Por lo general, los escudos repelentes ligeros sirven de protección diaria frente a fluctuaciones energéticas en el entorno, mientras que los escudos repelentes fuertes y los impenetrables sirven para situaciones en las que existe una exposición a una gran carga negativa.

A la hora de levantar un escudo repelente impenetrable es importante hacerlo con sumo cuidado, ya que con frecuencia impiden mantener relaciones sociales significativas (a veces, protegerte con un escudo impenetrable puede generar la sensación de disociación). Tu aura se contrae para permitir que el escudo te envuelva por completo, lo cual hace que te distancies a nivel mental y emocional de lo que está sucediendo a tu alrededor. Esto te mantiene energéticamente a salvo hasta que te alejes de esa situación.

Por esta razón, es conveniente que limites el uso de escudos repelentes impenetrables únicamente cuando tengas la certeza de estar sufriendo un ataque energético o cuando estés a punto de internarte en un entorno especialmente tóxico. Yo personalmente he utilizado los escudos impenetrables cuando he ido a hospitales o funerales y cuando me he sentido atacado o acosado a nivel emocional.

Escudos amplificadores: estos escudos, en vez de repeler la energía tóxica, fortalecen las defensas energéticas naturales elevando la vibración. Son como vitaminas espirituales que penetran en tu aura y tu cuerpo energético, potenciando su vibración para que la negatividad externa no te afecte con facilidad. Cuanto más elevada es tu frecuencia vibracional, menos probabilidades tendrás de absorber ataduras energéticas y más capacidad tendrá tu campo energético para repeler las ataduras energéticas externas.

Lo que me gusta de los amplificadores energéticos es que no aíslan del mundo de la misma manera que los escudos repelentes, es decir, te permiten interactuar y ser sociable sin dejar de mantener fuertes vínculos energéticos con la gente. Por eso estos escudos son magníficos a la hora de interactuar con personas y lugares conocidos, por ejemplo cuando te relacionas con tus amigos, tus compañeros de trabajo y tu familia en el día a día.

Escudos transmutatorios: estos potentes escudos ni repelen la energía negativa ni potencian tus defensas energéticas, sino que transforman las ataduras energéticas externas en energía totalmente positiva. En vez de protegerte del lado oscuro de la vida, los escudos energéticos transmutatorios te ayudan a abrazar esa oscuridad y te enseñan a transformarla en luz.

Los escudos energéticos transmutatorios son excelentes para la gente que trabaja en el ámbito de la salud, como médicos, enfermeros, terapeutas, curanderos, sanadores intuitivos o cualquiera que tenga mucho trato con la gente. Te permiten estar presente y empatizar con otras personas sin experimentar su dolor o absorber su energía negativa.

Aunque es conveniente distinguir los escudos a la hora de elegir el adecuado dependiendo de la situación, es importante no permitir que esta distinción te limite. El elemento más significativo del poder protector de un escudo es la intención subyacente en él, y la clasificación que he realizado se basa en gran medida en mis experiencias personales, así como en mis impresiones sobre las experiencias de otros. Cada cual percibe la energía de una manera diferente, de modo que es importante no dejar que mi experiencia o la de cualquiera limite la tuya.

Capas de escudos

Dependiendo de la situación en la que te encuentres, tal vez quieras combinar diversos escudos. He aquí algunas directrices básicas para ayudarte a empezar a trabajar con capas de escudos:

- **Empieza con un amplificador energético y añade más escudos conforme los necesites.** Esta es la técnica fundamental para levantar tus escudos. Dado que los amplificadores energéticos refuerzan tus defensas áuricas naturales, son magníficos para el día a día. Dependiendo de las personas y los lugares a los que te expongas en una determinada ocasión, puedes ir incorporando otro escudo repelente o transmutatorio.

- **Coloca las capas de escudos repelentes y transmutatorios de energía de manera consciente.** Los escudos repelentes mantienen a raya la energía, mientras que los transmutatorios la reciben y transforman. Como resultado de ello, a pesar de que colocarlos en capas en principio no tiene por qué interferir en su funcionamiento, estos escudos no son los idóneos para combinar. Dicho esto, podrías programar un escudo repelente para repeler una determinada energía y programar al mismo tiempo uno transmutatorio para transformar un tipo de energía diferente; esto te permitiría superponerlos como es debido.

- **No superpongas escudos de la misma categoría.** El uso de múltiples escudos energéticos repelentes o transmutatorios hace que te sientas aislado y fuera de lugar. Como los escudos repelentes tienen una cualidad defensiva y la habilidad de aislarte del resto del mundo, usar más de uno en un momento dado puede que te impida trabar relaciones significativas con la gente. En el caso de los escudos energéticos transmutatorios, utilizar más de uno a la vez puede dificultar su capacidad transmutatoria y exponerte a energía tóxica. Cada escudo transmutatorio tiene un complejo funcionamiento alquímico para transformar la energía. Es posible que un segundo escudo transmutatorio interfiera en el proceso de transformación del primero o lo bloquee.

Superponer varios amplificadores energéticos también puede tener sus inconvenientes, sobre todo hacer que te sientas aturdido y ausente. Dadas sus potentes cualidades de alta vibración, las capas de varios amplificadores energéticos pueden hacer que te sientas descentrado y disperso, lo que te impide que mantengas relaciones significativas con otras personas y que estés totalmente presente en el espacio físico en el que te encuentras.

Además, colocar capas de escudos de la misma categoría significa que no confías en que el primer escudo te proteja lo suficiente. Tu duda debilita tanto el primer escudo como el poder de los escudos adicionales en conjunto.

- **Levanta tres escudos como máximo.** Aunque te resulte tentador protegerte con el máximo de escudos posible, es mejor que te limites a usar tres por diversas razones:

  » En primer lugar, porque protegerte con múltiples escudos puede ser una señal de dependencia y de que cedes tu poder. Como he repetido en varias ocasiones a lo largo de este libro, *tú* tienes el poder de protegerte; todo lo que hacen los procedimientos de protección energética es ayudarte a canalizar ese poder. Protegerte a la desesperada con multitud de capas es señal de que desconfías de tu poder protector y de que dependes demasiado de factores externos.

  » En segundo lugar, cuantas más capas pongas, más barreras creas entre el mundo exterior y tú. Aunque es importante protegerse, el exceso solo provoca aislamiento y distanciamiento de la humanidad y de la vida en general. Es importante recordar que somos seres sociales que necesitamos relacionarnos con otros seres humanos para crecer y sentirnos realizados en la vida; por tanto, en vez de esconderte bajo múltiples escudos, permítete vivir diferentes experiencias interactuando con los aspectos negativos de las personas y de la vida y extrayendo las enseñanzas que ello conlleva.

» Por último, como he explicado antes, el hecho de superponer múltiples escudos diferentes puede provocar que inhiban sus funciones entre sí, dejándote en una posición vulnerable y desprotegido.

Como regla de oro, la fórmula básica para crear capas de escudos reside en tener claro el tipo de protección necesaria en una circunstancia dada. Con el fin de responder ante cualquier energía a la que te expongas, siempre es conveniente empezar con un escudo amplificador que refuerce el campo energético antes de incorporar una combinación de escudos repelentes y transmutatorios.

CAPÍTULO 26

Escudo de luz arcoíris

El *haz de luz arcoíris*, o simplemente *luz arcoíris*, es una energía de alta vibración proporcionada por seres ascendidos del elemento éter, como los unicornios. Tienes acceso, además de a tu guía unicornio, que es una extensión espiritual de tu alma, a la esencia colectiva del reino de los unicornios, que son espíritus elementales del éter.

El haz de luz arcoíris, que consta de todos los colores de los chakras en su frecuencia vibratoria de luz más alta y pura, tiene el poder de elevar tu vibración y reforzar tus defensas energéticas naturales hasta el punto de impedir que seas objeto de un ataque energético. Cuando vives desde la perspectiva de tu ego, el ataque energético solo te afecta si tu vibración lo atrae. Cuando elevas tu frecuencia bañándote de luz arcoíris, te vuelves inmune a cualquier forma de ataque energético y negatividad.

Durante mi curso *online* «Campo de entrenamiento con unicornios», percibí por primera vez el haz de luz arcoíris tras conectar con mi guía unicornio, Xeros. La presencia conjunta de Xeros y el reino de los unicornios me guio para que mi unicornio tocara con su cuerno, o alicornio, uno de mis chakras. Me explicaron que el alicornio, en vez de ser un cuerno como tal, era una luz de alta vibración capaz de calibrar cualquier conciencia con la que entrara en contacto. Cuando Xeros tocó mis chakras con su cuerno, percibí cómo un subidón de energía fluía por todo mi cuerpo y automáticamente me sentí conectado a la fuente.

Esta luz de apariencia blanca en realidad era el haz de luz arcoíris, de lo cual no fui consciente en ese momento. Aparte del hecho de que la combinación de los siete colores del arcoíris forma una luz blanca, los colores que componen el haz de luz arcoíris poseen una vibración tan alta que, aunque se manifiesten individualmente, su energía es tan potente que lo único que se aprecia es luz blanca. Desde entonces, trabajo conscientemente con Xeros, los unicornios y el haz de luz arcoíris cada día.

Sigue estos pasos para protegerte con luz arcoíris:

1. Entra en estado meditativo e invoca a tu guía unicornio.
2. Cuando tu unicornio se manifieste, presta atención a su cuerno, el alicornio. Fíjate en cómo brilla y qué poder tiene a la hora de ajustar cualquier cosa con la que entra en contacto.
3. Pide a tu unicornio que toque con la punta de su cuerno tu chakra del tercer ojo. El haz de luz arcoíris penetrará en tu chakra a través del cuerno y se propagará en todo tu cuerpo y tu aura. Puede que notes un cambio de energía en cuanto esto ocurra.
4. Deja que tu unicornio proyecte el haz de luz arcoíris durante unos minutos, hasta que notes un aumento considerable en tu vibración. Da las gracias a tu unicornio y pídele que ponga fin a la transmisión cuando sientas que has recibido suficiente luz.
5. Medita un rato en este estado. Pide a la luz arcoíris que permanezca contigo hoy durante el tiempo necesario para

que solo atraigas experiencias que estén en consonancia con su alta vibración.

6. Cuando estés listo, sal del estado meditativo sintiéndote rebosante de energía y emprende tu día.

Puedes descargar una versión ampliada de esta meditación en audio (en inglés) en GeorgeLizos.com/PYL.

CAPÍTULO 27

Escudo de luz blanca

Protegerse con luz blanca es, con diferencia, la técnica de protección energética más extendida. En mi viaje de aprendizaje acerca de la energía y el mundo de los espíritus por medio de libros de autoayuda, encuentros, cursos y programas *online*, siempre se nos aconsejaba que protegiéramos nuestra energía con luz blanca. Con el tiempo, a medida que profundicé en mi conocimiento de la energía, finalmente me di cuenta de que, aunque no cabe duda del poder del escudo de luz blanca como técnica de protección, no es un patrón único para todos. El escudo de luz blanca funciona, pero solamente para determinados fines, igual que ocurre con el resto de los procedimientos de protección.

«Somos amor y luz». Seguro que has oído esta frase en círculos espirituales. Lo que significa es que la esencia de lo que somos, nuestra alma, que es una extensión de la fuente, es de naturaleza amorosa. Es más, nuestra cualidad corpórea consta casi literalmente de luz. Según la física cuántica, cuando se analizan en profundidad todos y cada uno de los componentes físicos de la conciencia, incluido el cuerpo físico, lo que se halla es vibración, que también se manifiesta en luz.

Básicamente, cuando te proteges con luz blanca, te proteges con el amor y la luz que forman tu ser. La razón por la que este

181

procedimiento ha adquirido tanta popularidad es que te impulsa a conectar con tu esencia y tu yo interior, tu verdadera identidad. Cuando te encuentras en perfecta sintonía con el amor y la luz que eres, te sientes seguro y protegido frente a cualquier cosa que no se corresponda con ello. Por tanto, el escudo de luz blanca potencia tus defensas energéticas naturales y eleva tu vibración, y esto merma tu capacidad de atraer ataduras energéticas negativas.

Sin embargo, por mi experiencia, la luz blanca no repele ni transforma la energía negativa. Por tanto, cuando su potencia se debilita y tu frecuencia vibracional desciende, te vuelves vulnerable a ataduras energéticas que sintonizan con tu baja vibración. El error que mucha gente comete con el escudo de luz blanca es esperar que repela y transforme la energía negativa en vez de ser conscientes de que sus propiedades de protección son limitadas.

La luz blanca es similar a la luz arcoíris en cuanto a que consta de todos los colores del arcoíris. Aunque ambas técnicas tienen fuertes cualidades amplificadoras y contribuyen a alinearte con la esencia de tu yo interior, su funcionamiento es diferente. La luz blanca aplica una única frecuencia vibracional a cada elemento de conciencia presente en tu cuerpo y en tu ser, mientras que la luz arcoíris concentra su potencia para aplicar una única frecuencia vibracional a cada uno de los siete chakras y las siete capas áuricas. Dado su enfoque concentrado, considero que el escudo de luz arcoíris es más fuerte que el de la luz blanca para aumentar nuestras defensas energéticas.

Realiza los siguientes pasos para proteger tu aura con luz blanca:

1. Cierra los ojos y entra en estado meditativo.
2. Respira hondo y concéntrate en tu chakra corazón, en el centro de tu pecho. Tu chakra corazón es la puerta de tu

alma, el puente entre tus cuerpos físico y espiritual. Dentro de tu chakra corazón hay una pequeña esfera de luz blanca que representa tu alma y tu verdadera esencia.

3. Con cada respiración, visualiza cómo la chispa de luz blanca crece y se expande a través de tu pecho y el resto de tu cuerpo hasta envolver tu aura. A medida que se propaga, colma cada elemento de conciencia de tu cuerpo, lo calibra y eleva su frecuencia.

4. Pon tu intención en que la luz blanca permanezca dentro de ti y a tu alrededor a lo largo del día o durante el tiempo necesario para mantener tu vibración elevada con el fin de que solo atraigas energía amorosa y positiva.

5. Cuando te sientas pleno, sal del estado meditativo revitalizado y con una vibración elevada.

Puedes descargar una versión ampliada de esta meditación en audio (en inglés) en GeorgeLizos.com/PYL.

CAPÍTULO 28

Espejo de protección

Los *espejos de protección* son potentes escudos repelentes impenetrables que sirven para protegerse de personas altamente negativas. El proceso de levantar un escudo de espejo consiste en visualizar un espejo entre tú y otra persona o visualizar un espejo en forma de globo que envuelva todo tu cuerpo para repeler la energía tóxica externa. A menudo se desaconseja el uso de espejos de protección porque su reflejo devuelve la energía tóxica a la persona que la transmite, perjudicándola a nivel energético. Tal y como yo lo veo, quien envía esta energía tóxica ya sufre su efecto nocivo, así que recibirla de nuevo no le hará más daño del que ya se hace a sí mismo.

Con frecuencia veo que la gente usa espejos de protección a diario como principal escudo protector. Aunque el uso diario de este escudo te hará inmune a ataduras energéticas externas, es posible que también te impida relacionarte con autenticidad y empatía. Dada la naturaleza reflectiva y defensiva de los espejos de protección, el abuso de ellos puede influir en tu percepción de las personas y del mundo, haciendo que te muestres cauteloso y distante.

Escudarse con un espejo de protección en el día a día es como llevar siempre puesto un impermeable por si acaso te pilla una tormenta; es innecesario, restrictivo e incómodo. Preferirías tener el impermeable a mano para cuando sea necesario y, de igual modo, querrías disponer de tu espejo de protección en tu juego de herramientas espiritual y solo escudarte con él en situaciones en las cuales te encontrases en una tormenta energética de personas y circunstancias tóxicas. Yo, por ejemplo, a menudo uso escudos de espejo cuando me veo atrapado en una situación desagradable o en una confrontación con alguien, cuando voy en el coche y me doy cuenta de que hay conductores alterados a mi alrededor o cada vez que tengo la sensación de que alguien me está enviando energía negativa conscientemente.

Puedes poner en práctica el siguiente procedimiento para levantar un espejo de protección cuando te encuentres en compañía de alguien que te transmita energía negativa o cuando estés en tu espacio de meditación y desees repeler un contundente ataque energético procedente de una persona o grupo de personas en particular que no se hallan presentes.

Realiza el siguiente procedimiento para levantar un espejo de protección:

1. Lleva a cabo un breve escaneo mental de tu energía y de la energía de la otra persona para ver cómo puede estar enviándote energía tóxica. Es probable que percibas en su aura dagas energéticas que lanza en tu dirección.
2. Dependiendo de dónde se encuentre la persona con respecto a ti, visualiza un potente espejo etérico entre esa persona y tú, con la cara reflectante mirando hacia ella. Después, observa cómo el reflejo del espejo devuelve la energía tóxica a su origen. Programa mentalmente el espejo para que se desplace alrededor de tu aura conforme tú o la otra persona os mováis en el espacio, lo cual garantiza

que repela eficazmente el ataque. Si estás con multitud de individuos tóxicos, puedes visualizar que un espejo en forma de globo envuelve tu aura y refleja toda la energía negativa para devolverla a su origen.

3. Mantén el espejo protector mientras te encuentres en compañía de gente o situaciones tóxicas y asegúrate de retirarlo nada más marcharte.

Puedes descargar una versión ampliada de esta meditación en audio (en inglés) en GeorgeLizos.com/PYL.

CAPÍTULO 29

Escudos elementales

Aparte de trabajar con el poder de limpieza y protección energéticas de la naturaleza conectándonos con seres naturales
como las hadas, los dragones, los silfos y las sirenas, también podemos trabajar con la energía colectiva de los elementos. Gracias
a sus cualidades dinámicas, los elementos pueden utilizarse tanto
para eliminar ataduras energéticas tóxicas como para protegerse de
ellas. En este capítulo nos centraremos en las cualidades protectoras de los elementos, pero tienes total libertad para adaptar los
procedimientos y usarlos también para limpiar tu energía.

A diferencia de la mayoría de los escudos estáticos, como el
espejo, la burbuja blanca y la luz arcoíris de protección, los escudos
elementales emulan el dinamismo de la naturaleza y por tanto se
hallan en constante actividad, movimiento y cambio. Esto potencia y al mismo tiempo conserva sus cualidades protectoras, de ahí
que los escudos elementales suelan ser más duraderos que otros.
En una ocasión, protegí mi apartamento con el elemento tierra
visualizando que se transformaba en un bosque lleno de espíritus
elementales de tierra mágicos, como elfos, gnomos, ninfas y hadas.
Levanté ese escudo y me olvidé completamente de él. Al cabo de
unas semanas, me di cuenta de que una maceta a la que había dado
por perdida hacía tiempo había revivido de la noche a la mañana. Al

sintonizar con la energía de la planta, ¡comprobé que mi escudo de tierra seguía muy activo y que los seres elementales a los que había invocado habían cuidado y resucitado mi planta!

En este capítulo, voy a tratar las cualidades protectoras de los elementos tierra, aire, fuego y agua, y a guiarte en los procedimientos que puedes poner en práctica para protegerte (y proteger tu casa, si lo deseas).

Escudos de Tierra

Aunque hay muchas formas de protegerte con las energías y cualidades de la Tierra, voy a compartir contigo mis cinco escudos favoritos para garantizar la máxima protección. Son los escudos de montaña, bosque, viento, fuego y agua.

Escudo de montaña

Levantar un escudo de montaña consiste exactamente en lo que su nombre indica. Al invocar la esencia colectiva de la Tierra y el espíritu colectivo de los gigantes de la montaña —sus espíritus, su conciencia y su animismo—, te beneficias de sus cualidades protectoras ancestrales. Las montañas llevan miles de años en nuestro planeta, protegiendo tanto a los seres humanos como a los animales de invasores y condiciones meteorológicas extremas. Se alzan imponentes a pesar de las adversidades externas, proporcionándonos la fuerza para hacer lo mismo en nuestras vidas. Las montañas han experimentado multitud de avatares; han presenciado muchas cosas y ahí siguen, recordándonos que, pase lo que pase en el mundo y en nuestras vidas, al final todo saldrá bien.

Cuando levantamos un escudo de montaña alrededor del aura, nos recordamos a nosotros mismos nuestra resiliencia y tenacidad y al mismo tiempo creamos un escudo protector impenetrable que repele cualquier energía negativa procedente del exterior.

Sigue los siguientes pasos para levantar un escudo de montaña:

1. Cierra los ojos y entra en estado meditativo. Mientras realizas respiraciones largas y profundas, nota cómo el elemento tierra se manifiesta en tu cuerpo. Toma conciencia de la textura, el peso y la presencia de tu cuerpo en el sitio en el que te encuentras.

2. Expande tu conciencia para ver cómo se manifiesta el elemento tierra en el mundo que te rodea: la tierra que hay bajo tus pies, junto con las plantas, los árboles y las flores que crecen en ella. Más allá de eso, busca el elemento tierra en todo lo que hay a tu alrededor, tanto en los seres animados como los inanimados. Reconoce que el elemento tierra es la fuente de todo ente físico.

3. Mentalmente o en voz alta, invoca la energía colectiva de la tierra y a los gigantes de la montaña para que se manifiesten. Podrías decir: «Invoco el espíritu divino de la Tierra y a los gigantes de la montaña para que se manifiesten». Mientras lo haces, puede que notes la presencia de los gigantes de la montaña a tu alrededor. Su apariencia dependerá de tu percepción. Tómate tu tiempo para familiarizarte con ellos y dales las gracias de antemano por su protección.

4. Para levantar el escudo, visualiza tu aura rodeada por una elevada, ancha e impenetrable cadena montañosa. Mires donde mires, estás rodeado de montañas que te sirven de guardaespaldas energéticos personales y que repelen todo tipo de energía y gente negativa que vaya a tu encuentro. Pide a los gigantes de la montaña que mantengan el escudo

durante el tiempo que necesites y permanece en esa postura el tiempo que desees para sentirte protegido y a salvo.

5. Cuando termines, transmite tu gratitud a los gigantes de la montaña y sal del estado meditativo.

Escudo de bosque

A diferencia de las cualidades repelentes de un escudo de montaña, levantar un escudo de bosque alrededor de ti o de tu casa proporciona la frescura, vitalidad y energía de las cualidades de los bosques. ¿Recuerdas la última vez que estuviste en un bosque? ¿Cómo te sentiste? Cuando yo voy a un bosque, me da la sensación de que me interno en un mundo nuevo. Lejos del ajetreo de la vida cotidiana, sintonizo con un medio diferente: el de la naturaleza y sus habitantes. Trabo amistad con los árboles, camino descalzo por la hierba húmeda, recolecto plantas y flores silvestres, escucho el relajante canto de los pájaros y los sonidos de otros bichos. Enseguida me siento alineado, conectado y completamente libre de cualquier preocupación que me haya estado atenazando. El aura colectiva de los bosques transmite tal derroche de amor y gozo de las diferentes plantas y criaturas que lo habitan que limpia y revitaliza mi aura rápida y eficazmente.

Levantar un escudo de bosque recrea a tu alrededor las cualidades revitalizadoras y potenciadoras de los bosques, limpiando y expandiendo tu campo energético. Lo que tienen de especial los escudos de bosque con respecto a otros escudos elementales es que te beneficias de las cualidades protectoras de todos los espíritus elementales que habitan en él, en vez de las de un elemental en concreto. Normalmente hay elementales de tierra, como elfos, gnomos, dríades de los árboles, ninfas de los bosques y hadas.

Sigue los siguientes pasos para levantar un escudo de bosque:

1. Cierra los ojos y entra en estado meditativo. Mientras realizas respiraciones largas y profundas, nota cómo el elemento tierra se manifiesta en tu cuerpo. Toma conciencia de la textura, el peso y la presencia de tu cuerpo en el sitio en el que te encuentras.

2. Expande tu conciencia para ver cómo se manifiesta el elemento tierra en el mundo que te rodea. Ten presente la tierra que hay bajo tus pies, así como las plantas, los árboles y las flores que crecen en ella. Más allá de eso, observa el elemento tierra en lo que hay a tu alrededor, tanto en los seres animados como los objetos inanimados. Reconoce que cualquier forma de vida natural es una extensión del elemento tierra.

3. Mentalmente o en voz alta, invoca la energía colectiva de la Tierra y a los espíritus elementales de tierra para que se manifiesten. Podrías decir: «Invoco al espíritu divino de la Tierra y a los elementales de tierra para que se manifiesten». Mientras lo haces, visualiza un bosque denso con todo tipo de árboles, plantas y elementales. Podría tratarse de un bosque específico con el que tienes un vínculo o de cualquier otro que te venga a la mente.

4. Mientras lo dices, tal vez notes a tu alrededor la presencia de los diferentes elementales de tierra, como elfos, gnomos, dríades de los árboles, ninfas de los bosques y hadas, entre otros. Su apariencia dependerá de tu percepción. Tómate tu tiempo para familiarizarte con ellos y dales las gracias de antemano por su protección.

5. Para levantar el escudo, visualízate sentado o de pie en el bosque que has elegido. Siente cómo los árboles y las plantas purifican tu aura y cómo los diversos espíritus elementales limpian y expanden tu campo energético. Mientras lo

visualizas, notarás que tu vibración se eleva y sentirás más amor y gozo al recibir la frecuencia vibracional dominante del bosque. Pon tu intención en que la energía del bosque permanezca contigo durante el tiempo que necesites.

6. Cuando termines, expresa tu gratitud al bosque y a sus elementales y sal del estado meditativo.

Escudo de viento

A pesar de su cualidad inmaterial, el viento posee una inmensa energía capaz de crear y destruir mundos. Erosiona el terreno y le da forma, impulsa las corrientes oceánicas y regula la atmósfera terrestre por medio de corrientes en chorro, tornados, huracanes y otros fenómenos eólicos. La vez que más experimenté el poder del viento fue durante un recorrido en coche por Islandia en 2014. La compleja interacción entre el océano, los glaciares y los volcanes crea borrascas que pueden desviarte de tu curso. En muchas ocasiones en el transcurso de mi estancia allí, el viento sopló con tanta fuerza que a duras penas conseguí mantener el coche en la calzada.

Es esta energía potente y dinámica de la que queremos valernos cuando levantamos un escudo de viento protector. En el capítulo dieciséis he explicado cómo crear una tormenta de silfos con el objetivo de limpiar el campo energético de ataduras energéticas; puedes poner en práctica este mismo procedimiento para protegerte de ataques energéticos. Todo guarda relación con la intención y la programación. Dicho esto, como el viento se manifiesta de distintas formas, puedes crear escudos de viento de varios niveles de protección en función de tus necesidades. Aunque el viento puede repeler y transformar la energía, yo personalmente prefiero usarlo exclusivamente con fines repelentes y optar por los escudos de fuego para la transformación. Por mi experiencia, a pesar de que el viento mueve la energía, no la transforma por completo en algo positivo, sino que más bien la desplaza. El fuego, sin embargo, quema y transforma la energía por completo.

Sigue estos pasos para levantar un escudo de viento:

1. Cierra los ojos y entra en estado meditativo. Mientras realizas respiraciones largas y profundas, nota cómo el elemento aire se manifiesta en tu cuerpo. Observa cómo tu pecho se expande y contrae con cada respiración al inhalar y exhalar el oxígeno vital del aire. Nota la gran serenidad que experimentas al tomar conciencia de tu respiración.

2. Expande tu conciencia para ver cómo se manifiesta el elemento aire en el mundo que te rodea. Si estás al aire libre, siente la suave caricia del viento sobre tu cara y cómo mueve suavemente las plantas, las flores y las hojas de los árboles. Toma conciencia de cómo la atmósfera cubre la totalidad del planeta, sirviendo de nexo en el conjunto de la conciencia planetaria.

3. Mentalmente o en voz alta, invoca la energía colectiva del aire y a los silfos del aire para que se manifiesten. Puedes decir: «Invoco el espíritu divino del aire y a los silfos del aire para que fluyan a través de mí y protejan mi aura de todo aquello que ya no me sirve. Mientras lo haces, puede que notes la presencia de silfos estilizados y casi informes que vuelan juguetonamente sobre tu cabeza y alrededor de tu cuerpo o incluso la presencia de tu guardián silfo del elemento aire. Tómate tu tiempo para familiarizarte con ellos y dales las gracias de antemano por la limpieza.

4. Pide a los silfos que empiecen a realizar círculos a través de tu aura y alrededor de ella en el sentido de las agujas del reloj para provocar un tornado cuya intensidad dependerá de la protección que necesites. Siente cómo el viento

arrecia y aprovecha también el viento que sople donde te encuentres para incorporarlo y fortalecer tu escudo. Pon tu intención en que el escudo de viento permanezca contigo durante el tiempo que necesites para repeler toda energía negativa que te llegue del exterior.

5. Cuando finalices el proceso, dedica unos minutos a expresar tu gratitud a los silfos y, cuando estés listo, sal del estado meditativo.

Escudo de fuego

El fuego crea y destruye, lo cual lo convierte en un poderoso escudo de protección que transforma la energía negativa en amor y luz. El fuego ha sido uno de los elementos primordiales en la formación de nuestro planeta y, como tal, la fuente de toda vida. En sus orígenes, la Tierra tan solo era una masa de gases ígneos que fue evolucionando paulatinamente hasta convertirse en el planeta que hoy conocemos.

Hasta la fecha, podemos ver el fuego en su estado más primario cuando observamos el funcionamiento de la tectónica de placas. La presión generada por la subducción de una placa en el magma en una parte del mundo provoca una erupción volcánica en otra parte del mundo, y se forma terreno nuevo. El mismo proceso cíclico de destrucción y creación se produce en las diversas manifestaciones del fuego, incluido en nuestro propio cuerpo. El sistema digestivo, por ejemplo, descompone el alimento del estómago con el fin de transformarlo en energía que usaremos posteriormente para crear otro ciclo de destrucción y creación.

Podemos aprovechar las cualidades antagónicas del fuego para limpiarnos y protegernos. En el capítulo veintiuno expliqué cómo limpiar y calibrar el cuerpo y la energía trabajando con el fuego etérico de los dragones. En este apartado, voy a explicar cómo levantar un escudo de fuego alrededor del aura con el objetivo de transformar la energía negativa procedente del exterior.

Generalmente, utilizo este escudo cuando tengo previsto interactuar con un grupo de personas tóxicas o entrar en un espacio especialmente agobiante o negativo, por ejemplo cuando voy a funerales, hospitales y cementerios. También me gusta usarlo cuando estoy rodeado de multitud de personas, como en centros comerciales, cines o salas de conciertos, para protegerme y evitar que la energía existente me abrume. Con el escudo de fuego me aseguro de que cualquier energía negativa que reciba del exterior se transforme automáticamente en amor y luz, haciéndome inmune a la negatividad externa durante el tiempo que lo mantenga. Además de protegerme con fuego, también pido a los dragones de fuego que limpien de antemano con su fuego etérico cualquier espacio en el que me disponga a entrar y que eleven su vibración para los demás y para mí mismo.

Sigue estos pasos para levantar un escudo de fuego:

1. Cierra los ojos y entra en estado meditativo. Mientras realizas respiraciones largas y profundas, nota cómo el elemento fuego se manifiesta en tu cuerpo. Siente el calor de tu respiración mientras se llenan tus pulmones y en la corriente sanguínea que corre por todo tu cuerpo.

2. Toma conciencia de cómo se manifiesta el elemento fuego en tu entorno y en la naturaleza. Ten presente cómo se genera fuego en los aparatos eléctricos, velas, hogueras y el calor del sol. Visualiza el fuego que arde en el núcleo terrestre, en el magma que hay bajo su superficie y en la lava que expulsan los volcanes en todos los rincones del mundo.

3. Mentalmente o en voz alta, invoca la energía colectiva del fuego y a los dragones de fuego. Puedes decir: «Invoco el

espíritu divino colectivo del fuego y a los dragones de fuego para que acudan a mi encuentro con el fin de proteger mi aura y transformar la energía procedente del exterior».

4. Mientras lo dices, puede que notes la presencia de dragones de fuego que vuelan sobre tu cabeza e incluso cómo la presencia de tu guardián dragón del elemento fuego se enrosca alrededor de tu cuerpo. Tómate tu tiempo para familiarizarte con los dragones y dales las gracias de antemano por la protección.

5. Pide a los dragones que lancen su fuego divino alrededor del perímetro de tu aura con el fin de crear un escudo impenetrable que transforme la energía procedente del exterior, proteja tu luz y mantenga elevada tu vibración.

6. Cuando finalices el proceso, dedica unos minutos a expresar tu gratitud a los dragones y, cuando estés listo, sal del estado meditativo.

Escudo de agua

La energía del agua es fluida, densa y penetrante. Cuando te proteges con ella, penetra en cada molécula de tu campo energético y no deja espacio para ataduras energéticas tóxicas procedentes del exterior. El agua, igual que el fuego, crea y destruye la energía, por lo que puede transformar un ataque energético en energía positiva. Piensa en cómo las olas del océano erosionan la costa y forman playas con su incesante avance y retroceso, cómo las mareas altas y bajas cambian la configuración del litoral y cómo la lluvia nutre el suelo y al mismo tiempo provoca desprendimientos que destruyen parte de él.

Lo que diferencia al agua del fuego es su *manera* de transformar la energía. El fuego es masculino; consume energía negativa, la quema y la reduce a polvo psíquico hasta que la transforma en algo positivo, igual que el ave fénix, que renace de sus cenizas. El agua, sin embargo, es femenina; en vez de destruir la energía negativa, la neutraliza, lo cual permite que se transforme alquímicamente en algo positivo.

Como resultado de ello, los escudos de agua son magníficos para cuando se experimentan ataques psíquicos, por ejemplo si interactúas con alguien que está enfadado contigo o que tiene celos de ti, si sufres *bullying* o si eres objeto de cualquier tipo de ataque. La energía relajante y neutralizadora del agua sofocará esas emociones de enojo y furia y las transformará en amor, manteniéndote a salvo en una burbuja protectora de serenidad y paz, igual que la superficie de un lago en calma.

Sigue estos pasos para levantar un escudo de agua:

1. Cierra los ojos y entra en estado meditativo. Mientras realizas respiraciones largas y profundas, nota cómo el elemento agua se manifiesta en tu cuerpo. Traga saliva unas cuantas veces y toma conciencia del agua que hay en ella, siente cómo la sangre que corre por tus venas te mantiene vivo y vital, y hazte una idea de los fluidos corporales que mantienen tu cuerpo flexible y ágil.

2. Expande tu conciencia para ver cómo el elemento agua se manifiesta en tu entorno y en la naturaleza. Nota el agua impregnada en el aire que respiras, la presencia del agua que tienes al alcance de la mano en los electrodomésticos de tu casa. Expande tu campo de visión para observar el agua de las nubes, la diversidad de arroyos, ríos y lagos de nuestro planeta, así como el agua de las masas de hielo y los océanos que configuran los continentes.

3. Mentalmente o en voz alta, invoca la energía colectiva del agua y a las sirenas de agua. Puedes decir: «Invoco el

espíritu divino colectivo del agua y a las sirenas de agua para que acudan a mi encuentro con el fin de proteger mi aura y transformar la energía negativa procedente del exterior.

4. Mientras lo dices, puede que notes la presencia de sirenas de agua nadando a tu alrededor e incluso la presencia de tu guardiana sirena del elemento agua aproximándose a tus pies. Tómate tu tiempo para familiarizarte con las sirenas y dales las gracias de antemano por la protección.

5. Pide a las sirenas que canalicen la potente energía equilibradora del agua a través de tu cuerpo y alrededor de tu aura en el sentido de las aguas del reloj y en sentido contrario para crear un denso escudo energético que transforme los ataques energéticos procedentes del exterior en energía positiva de amor puro.

6. Cuando finalices el proceso, dedica unos minutos a expresar tu gratitud a las sirenas y, cuando estés listo, sal del estado meditativo.

CAPÍTULO 30

Escudos de cristales

M i pasión por los cristales comenzó a los diecisiete años. Mi mejor amigo y yo acabábamos de emprender nuestro viaje espiritual, y todos los fines de semana quedábamos para curiosear en la tienda de cristales local. Incluso a tan temprana edad, me fascinaban las propiedades terapéuticas y protectoras de la Tierra y me pasaba horas contemplando todo el elenco de cristales, leyendo las pequeñas tarjetas con la información acerca de sus propiedades e inventándome formas en las que podía usarlos en mi vida.

Recuerdo haber usado cristales de cuarzo rosa para activar el rincón *feng shui* del amor y las relaciones en mi habitación, y mi deseo se materializó en un novio poco tiempo después. Como había leído en un libro que el lapislázuli era un cristal magnífico para la memoria y el rendimiento, lo llevaba encima en los exámenes y en el instituto. Los cristales no tardaron en convertirse en mis aliados inseparables; siempre llevaba encima alguno dependiendo de la situación en la que me encontrara y se los recomendaba a amigos y familiares. (¡Hasta mi desconfiado profesor de historia pensó que me había intentado copiar en un examen escribiendo chuletas bajo mi lapislázuli!).

Con el paso del tiempo, a medida que leía, investigaba y trabajaba con diversos cristales, me asombró no solo la cantidad de usos que tenían, sino también la diversidad de formas en las que podíamos utilizarlos. Aparte de usarlos como piedras angulares en las que apoyarnos para diversas actividades, cosa que hice cuando empecé a trabajar con ellos, podemos crear elixires y aerosoles de cristales, colocarlos en parrillas energéticas con fines de protección y manifestación, y emplearlos como descontaminantes de estrés geopático en zonas contaminadas de la Tierra y para levantar escudos energéticos de protección alrededor de nosotros mismos, de otras personas y de espacios físicos. Esta última es mi manera predilecta de trabajar con cristales para proteger la energía, y en este capítulo explicaré el procedimiento.

Cristales para la protección energética

Los cristales se usan para la protección energética desde hace miles de años. Judy Hall, en su libro *Crystals for Energy Protection* [Cristales para la protección energética], dice:

> *Se han hallado recetas para la protección con cristales que se remontan a más de cinco mil años de antigüedad y esos mismos cristales continúan utilizándose hoy en día. El heliotropo, la hematita y la cornalina, por ejemplo, se colocaban alrededor de la muñeca de los recién nacidos en Mesopotamia y Egipto para garantizar una larga y próspera vida, combinación que continúa vigente en la época contemporánea. En el Neolítico —la Edad de Piedra—, las piedras eran literalmente la tecnología moderna de la época. En tumbas de más de cuarenta mil años de antigüedad se han hallado evidencias del uso de cristales para la protección de los difuntos en su viaje al más allá y se puede deducir que también se utilizaban para proteger a los vivos.* [3]

Al leer acerca de la popularidad y prevalencia de los cristales a lo largo de los años, tal vez te preguntes cuál es la razón de su gran utilidad no solo para la protección energética, sino también para otros fines.

Pese a que no hay una explicación científica definitiva acerca del poder sanador de los cristales, existen pruebas concluyentes que apuntan a sus propiedades sanadoras. Concretamente, se ha demostrado que los cristales de cuarzo generan *piezoelectricidad*. Sometidos a presión, liberan una ligera carga eléctrica estable, precisa y constante; de ahí su uso en relojes, ordenadores y otros dispositivos tecnológicos. Estas corrientes eléctricas estables también afectan a la inestabilidad energética del cuerpo humano, en incesante cambio, posibilitando que sintonicemos con su vibración. Este fenómeno se conoce como *entrainment*, mediante el cual una persona sintoniza con un factor externo que influye en su manera de pensar, sentir y actuar.

Asimismo, se ha demostrado científicamente que los colores nos afectan tanto a nivel físico como emocional; por consiguiente, podemos aprovechar los colores vivos de los cristales para trabajar con la energía cromática y cambiar nuestro estado de ánimo. Fíjate en lo tranquilo que normalmente te sientes en un entorno de suaves tonalidades verdes y azules, como en un bosque o junto al mar, y compáralo con la sensación que te producen los tonos rojos y naranjas, con propiedades energizantes. En lo tocante a la protección energética, los colores oscuros o negros, como los de la turmalina y el cuarzo ahumado, poseen un entramado interno que atrapa la energía, de ahí que sean magníficos para absorber la negatividad.

Aunque la explicación científica de las propiedades sanadoras de toda la gama de cristales aún se encuentra en fase preliminar, la historia, la experiencia y las investigaciones metafísicas apuntan a que los cristales son poderosas herramientas de sanación y protección. En el planeta Tierra se han catalogado más de cinco mil cristales, cada uno de los cuales posee propiedades únicas. Cuando los utilizamos de manera consciente y poniendo nuestra intención, nos beneficiamos de sus cualidades vibracionales para sanar y transformar nuestra vida.

¿Qué son los escudos de cristales?

Un *escudo de cristal* consiste en trabajar con uno o varios cristales específicos para crear un escudo alrededor del aura que proteja de ataduras energéticas negativas. En vista de la gran diversidad de cristales existente y de las cualidades únicas de cada uno de ellos, los escudos de cristales pueden ser amplificadores, repelentes o transmutatorios. Unos contribuyen a potenciar las defensas energéticas y elevar la vibración, como el cuarzo rosa, la celestina y la cornalina; otros pueden absorber o repeler la energía, como la turmalina negra, la hematita y la obsidiana, y algunos pueden transformar la energía, como la shungita, la labradorita y el cuarzo ahumado.

Por otro lado, hay una gran variedad de cristales que ayudan a limpiar la energía, como el cuarzo, el ámbar y la orgonita. Puedes utilizarlos para elaborar aerosoles y elixires, como he explicado en el capítulo veintidós.

En vez de proporcionarte una relación extensa de los cristales pertenecientes a cada categoría, voy a ofrecerte una lista sucinta de los cristales que uso para diversos fines. Igual que en el caso de los aceites esenciales, a la hora de elegir los cristales para trabajar es importante que investigues por tu cuenta y que confíes en tu intuición. Aunque las cualidades que se conocen de los cristales figuran en libros específicos y otros recursos, su efecto varía dependiendo de la persona, es decir, es posible que un cristal que funciona de una determinada manera en mi caso funcione de manera diferente en el tuyo.

Desde el punto de vista energético, los cristales pueden focalizar, acumular, repeler, transmitir o transformar la energía, y cada uno posee como mínimo una de estas propiedades. Con fines de protección energética, lo que más nos interesa son las propiedades que poseen para transmitir, acumular/repeler y transformar la energía, las cuales se corresponden con los tres tipos de escudos descritos en el capítulo veinticinco: amplificadores, repelentes y transmutatorios.

He aquí mi lista de cristales asociados a los tres tipos de escudos:

Cristales amplificadores

- **Celestina:** ayuda a elevar la vibración mediante la conexión con los ángeles y los reinos superiores.
- **Cuarzo rosa:** abre el chakra corazón para que el amor incondicional de la fuente colme todo tu ser.
- **Cornalina:** ayuda a reconocer y expresar la confianza en uno mismo y la voluntad.
- **Selenita:** cura las heridas y agujeros del aura y del campo energético por medio de luz divina cristalizada.

Cristales repelentes/absorbentes

- **Turmalina negra:** repele los ataques energéticos externos y absorbe la energía negativa del entorno.
- **Venturina:** protege y conserva la energía vital para hacer frente a vampiros energéticos.
- **Hematita:** crea un escudo impenetrable que bloquea la entrada de energías negativas en el campo energético. También redefine las creencias sobre los límites para poder tomar decisiones acordes con tu autenticidad energética.

- **Obsidiana negra:** absorbe la energía negativa y la almacena en su interior. Es necesario limpiarla con frecuencia.

Cristales transmutatorios

- **Shungita:** refuerza el sistema inmunoenergético y crea un escudo de luz protectora alrededor del aura que limpia y purifica la energía tóxica procedente del exterior.
- **Cuarzo ahumado:** filtra la energía negativa del entorno para garantizar que llegue limpia y pura.
- **Labradorita:** crea un sutil escudo transmutatorio que permite filtrar la energía tóxica de los demás y al mismo tiempo mantener la capacidad de conectar y comunicarse con empatía.
- **Lapislázuli:** limpia y transforma los ataques psíquicos conscientes o inconscientes del campo energético y cura las heridas energéticas producidas por los ataques.

Cómo crear un escudo de cristales

El procedimiento para crear un escudo de cristales es el siguiente:

1. Elige uno o varios cristales. Si acabas de empezar a trabajar con ellos, es mejor que elijas un único cristal que posea las cualidades que necesitas en este momento.
2. Limpia los cristales colocándolos bajo un chorro de agua fría (asegúrate de que no sean solubles al agua), creando una nube de humo de limpieza energética o dejándolos metidos en arroz seco durante veinticuatro horas (no consumas el arroz posteriormente porque llevará impregnada la energía negativa que ha absorbido).

3. Carga la energía de los cristales dejándolos a la luz del sol como mínimo tres horas o enviándoles un haz de luz arcoíris tal y como explico en el capítulo veintidós.

4. Cuando los cristales estén limpios y cargados de energía, es el momento de programarlos para la protección. Ponte el cristal elegido cerca del corazón, cierra los ojos y entra en estado meditativo. Invoca la esencia colectiva del cristal para que se manifieste. Para ello, visualiza las montañas subterráneas del cristal elegido y siente cómo su esencia colectiva activa el que tienes en la mano. Una vez que has conectado con la esencia colectiva del cristal, di algo similar a: «Invoco la esencia colectiva del [nombre del cristal] para que fluya a través de este cristal y levante un escudo protector alrededor de mi energía. Gracias por mantenerme a salvo y protegido el tiempo que necesite».

5. Visualiza cómo la energía del cristal que tienes en la mano se propaga e impregna tu cuerpo y tu aura con sus cualidades protectoras. Dependiendo de tu lenguaje intuitivo, es posible que veas un color específico, que sientas una determinada emoción, que oigas algún sonido o simplemente que intuyas que el escudo de cristal está en su sitio.

6. Cuando sientas que la luz del cristal te envuelve en una burbuja protectora, dale las gracias por su ayuda y pon fin a la meditación. Puedes llevar encima el cristal a lo largo del día para mantener el escudo o colocarlo en tu altar con la certeza de que el espíritu del cristal te acompañará para protegerte con su escudo.

CAPÍTULO 31

Protección con aceites esenciales

Los *aceites esenciales* son extractos de diversos componentes de las plantas, entre ellos las hojas, las semillas, las raíces, las flores, los tallos, los rizomas, las bayas, las espinas, la corteza, la madera y la piel. Obtenidos mediante la destilación con vapor o extracción (por presión), poseen una concentración de entre un setenta y cinco y un cien por cien más alta que la planta de la que proceden, de ahí su gran poder para la sanación física, emocional, mental y espiritual.

Los aceites esenciales se utilizan desde hace miles de años en medicina, perfumería, cosmética y gastronomía. En los últimos años, sus propiedades terapéuticas se estudian en la disciplina de la aromaterapia y se han llevado a cabo multitud de estudios científicos que avalan sus propiedades.

Tradicionalmente, los aceites esenciales se inhalan o se aplican localmente para aliviar diversos síntomas. A nivel espiritual y con el fin de proteger la energía, podemos beneficiarnos de las cualidades protectoras de la esencia divina o el espíritu colectivo de la planta para crear escudos de protección. Como en el caso de los cristales, el poder y las cualidades protectoras de los aceites esenciales varían dependiendo de la planta de donde se extraen, de ahí que sea posible utilizarlos para levantar todo tipo de escudos, entre ellos amplificadores, repelentes y transmutatorios.

Trabajar con los espíritus de las plantas

El empleo de aceites esenciales para la protección energética permite trabajar con los espíritus y elementales de las plantas de una manera tangible y multisensorial, lo cual puede potenciar la capacidad protectora del escudo. Cuando se trabaja con aceites esenciales, se entra en contacto directo con los componentes físicos, aromáticos, químicos y espirituales de una planta. Como he mencionado en capítulos anteriores, aunque el aspecto físico de la naturaleza no es necesario para aprovechar sus cualidades protectoras, lo percibimos desde un punto de vista humano, lo cual refuerza la experiencia.

Cada planta, árbol y flor posee propiedades terapéuticas y protectoras únicas, y su aceite esencial nos permite beneficiarnos de ellas. La propia expresión *aceite esencial* indica que el aceite posee la esencia pura de la planta, lo cual brinda acceso no solo a los componentes químicos de la planta específica de la que se ha extraído el aceite, sino también al espíritu colectivo de las especies vegetales. Por tanto, cuando usas aceites esenciales para la protección energética, te beneficias de las cualidades protectoras de la conciencia colectiva del reino vegetal.

Aceites esenciales para la protección energética

Igual que en el caso de los cristales, a la hora de elegir aceites esenciales para proteger tu energía es importante que investigues por tu cuenta y que confíes en tu intuición. Los efectos que producen los aceites esenciales son diferentes dependiendo de las personas, lo mismo que sucede con los distintos tipos de ataques energéticos. En la siguiente lista he incluido aceites esenciales que tradicionalmente se asocian con la protección energética y los que utilizo personalmente para crear diversos escudos protectores.

- **Aceites para escudos amplificadores:** de rosa, geranio de rosa, hierbaluisa, cananga, mirto, bergamota, naranja dulce, jazmín y manzanilla.
- **Aceites para escudos repelentes:** de madera de cedro, tomillo, romero, pinaza, salvia y pimienta negra.
- **Aceites para escudos transmutatorios:** de lavanda, naranja amarga, olíbano, eucalipto y menta.

Además de trabajar con el aceite de una determinada planta, también cabe la posibilidad de elaborar una mezcla de aceites esenciales casera o comprar una de una marca de confianza; varias empresas ofrecen un amplio elenco de mezclas de aceites esenciales destinados exclusivamente a la protección energética.

Las mezclas de aceites esenciales son ideales para beneficiarse de las cualidades terapéuticas y protectoras de muchas plantas, por ejemplo si necesitas las cualidades amplificadoras de un aceite y las repelentes de otro. Cuando encuentres la combinación de aceites esenciales que mejor te funcione, puedes utilizarla siempre en tu práctica de protección diaria.

Cómo usar aceites esenciales de forma segura

Antes de crear un escudo de aceites esenciales, es importante tener en cuenta los siguientes consejos:

- Dada su alta concentración, los aceites esenciales pueden irritar o quemar la piel si se aplican sin diluir. La mayoría de ellos, con la excepción de unos cuantos, deben diluirse en una base de aceite, por ejemplo de almendras o coco. Para ir sobre seguro, basta con poner una o dos gotas de aceite esencial en un frasco de 15 mililitros, pero antes de realizar el procedimiento que explicaré a continuación hay que probar aplicando una pequeña cantidad de aceite esencial en la piel.

- Los aceites de cítricos como la bergamota, la lima, el limón y el pomelo son fototóxicos, es decir, pueden producir irritación en la piel si te los aplicas y luego te expones al sol. Es conveniente evitar estos aceites si vas a pasar tiempo al sol y lavarte bien las manos después de usarlos.

- Infórmate siempre de las precauciones que debes tomar con el aceite esencial que vayas a trabajar consultando libros de aceites esenciales de fuentes acreditadas y recursos *online*. Para obtener datos científicos constatados, busca la monografía del aceite esencial en Internet.

Cómo crear un escudo de aceites esenciales

Sigue estos pasos para protegerte con aceites esenciales:

1. Tras elegir tu aceite esencial diluido, sostén el frasco delante de tu pecho e invoca el espíritu colectivo o la esencia divina de la planta. Puedes decir algo así como: «Invoco la esencia colectiva del [nombre de la planta] para que fluya a través de esta solución y le aporte sus cualidades protectoras». Mientras lo dices, visualiza campos y campos de la planta elegida en su hábitat natural. Tal vez el espíritu de

la planta se manifieste en forma de deidad o simplemente sientas su presencia.

2. En este momento, te acompaña la presencia de toda la conciencia del reino vegetal dispuesta a protegerte. Con reverencia, vierte tres gotas de aceite en las palmas de las manos y frótatelas. Coloca las manos en postura de oración, levántalas a la altura de la cara e inhala tres veces para aspirar la esencia del aceite. Con ello te beneficias de sus propiedades aromáticas y también te impregnas de la esencia protectora de su espíritu.

3. Extiende las palmas de las manos hacia fuera y muévelas alrededor de tu cuerpo y tu aura mientras visualizas cómo proyectan una luz que crea una burbuja luminosa alrededor de tu aura. Dependiendo de las cualidades protectoras de la planta que hayas elegido, puede que tu escudo refuerce tus defensas energéticas o que forme una capa áurica repelente o transmutatoria.

4. Después de protegerte con la presencia del aceite, dedica uno o dos minutos a disfrutar de la seguridad que te aporta el espíritu de la planta y pídele que permanezca contigo y te proteja a lo largo del día o durante el tiempo que necesites.

CAPÍTULO 32

Respiración de fuego

La *respiración de fuego* es una meditación de respiración rápida que puede ayudarte a potenciar tus defensas áuricas naturales. Es una estupenda técnica para cuando no estás rodeado de mucha negatividad y simplemente necesitas un procedimiento básico que refuerce tus defensas áuricas y mantenga tu vibración elevada. La respiración de fuego, también conocida como Agni Pran, es una técnica de respiración fundamental en *kundalini* yoga.

La primera vez que probé esta técnica fue durante una práctica de erradicación de ego en una sesión de *kundalini* yoga, y me enganché en el acto. Al final de la meditación de tres minutos, mi cuerpo entero vibraba, mi aura se había expandido y palpitaba, y sentía un subidón de energía como el que siento después de una meditación de una hora. Desde entonces, he guiado a la gente en este proceso en mis talleres y sesiones privadas para que eleven su energía y refuercen sus defensas áuricas de una manera rápida.

Básicamente, la respiración de fuego es una respiración rápida, rítmica y constante a través de la nariz, con la boca cerrada. Se respira de la misma manera al inhalar y exhalar, sin pausas. La respiración se bombea con el diafragma y el plexo solar, de modo que los músculos abdominales superiores se expanden en la inhalación y se contraen en la exhalación.

Según el fundador del *kundalini* yoga, Yogi Bhajan, la respiración de fuego tiene muchos beneficios para la salud, entre ellos que refuerza nuestra protección energética.

Concretamente, según Yogi Bhajan, autor de *El maestro de la Era de Acuario*, la respiración de fuego:

- Libera toxinas e impurezas de los pulmones, de las membranas mucosas, de los vasos sanguíneos y de otras células.
- Refuerza el sistema nervioso para combatir el estrés.
- Devuelve el equilibrio al sistema nervioso simpático y parasimpático.
- Ajusta el sutil campo psicoelectromagnético del aura y, por tanto, estimula la energía de la sangre.
- Fortalece el sistema inmunitario y contribuye a prevenir muchas enfermedades.
- Favorece la sincronización de los biorritmos de los sistemas corporales.[4]

Dado que ambos sistemas inmunitarios –físico y energético– están interconectados, cuando fortalecemos uno de ellos, automáticamente, el otro también se fortalece.

Contraindicaciones

Si bien la respiración de fuego no conlleva riesgos para la mayoría de la gente, puede estar contraindicada para personas con afecciones cardíacas, hipertensión, problemas en la espina dorsal y vértigos. Tampoco es recomendable practicarla durante el embarazo o la menstruación.

Realiza los siguientes pasos para aumentar tus defensas áuricas con la respiración de fuego:

1. Siéntate derecho, cierra los ojos y realiza unas cuantas respiraciones profundas para centrar tu energía.

2. Focalízate en el plexo solar, pon el temporizador para dentro de entre uno y tres minutos y empieza a realizar la respiración de fuego siguiendo las indicaciones anteriores. (Para asegurarte de hacerlo correctamente, puedes ver un vídeo en Internet).

3. Mientras respiras, mantén la atención en el chakra del plexo solar y observa cómo cambia la vibración de tu cuerpo y de tu aura de manera natural. No hay necesidad de visualizar conscientemente nada; basta con mantener la calma y la concentración y dejar que el proceso surta su efecto.

4. Cuando termines, permanece en postura meditativa unos minutos más respirando profundamente y disfrutando de la energía.

CAPÍTULO 33

Protección con la llama violeta

La *llama violeta* es una energía de alta vibración que transforma las ataduras energéticas negativas en amor y luz. Tradicionalmente se asocia con san Germán de París y el arcángel Zadkiel, pero cuando me conecto con ella, normalmente veo dragones de fuego de dimensión elevada proyectándola. Dependiendo de tu percepción, recibirás esta energía de una fuente que te resuene. A diferencia del fuego del dragón que has usado anteriormente para limpiar tu cuerpo etérico, esta llama trabaja en una frecuencia mucho más elevada para transformar cualquier tipo de ataque energético y negatividad. Aunque se asemeja al color violeta de un haz de luz arcoíris, posee una energía completamente distinta, de ahí que se la denomine comúnmente llama en vez de luz.

A pesar del hecho de que tanto la llama violeta como el haz de luz arcoíris poseen una alta frecuencia vibracional, se manifiestan de manera diferente, por lo que sirven para propósitos diferentes. El haz de luz arcoíris eleva la vibración, mientras que la llama violeta transforma la vibración negativa; una activa, mientras que la otra transmuta.

Mediante este procedimiento, te escudarás con una capa de llama violeta para protegerte de los ataques energéticos que atraigas y para limpiar y transformar cualquier atadura energética que hayas podido absorber a lo largo del día. Como la llama violeta limpia y protege al mismo tiempo, es una técnica rápida de limpieza y protección energética para utilizarla con regularidad.

Sigue estos pasos para protegerte con la llama violeta:

1. Entra en estado meditativo e invoca a los dragones de fuego y al elemento fuego. Podrías decir: «Invoco el espíritu del fuego y a los dragones de fuego de la llama violeta para que se manifiesten y me guíen en este proceso».

2. La llama violeta emana del éter más que de los dragones de la llama violeta. Se manifiesta en el instante presente, pero en una dimensión diferente. Los dragones solamente dirigen y canalizan la energía; lo único que debes hacer es focalizarte e invocarla para que se active dentro de ti. Cuando estés listo, di: «Invoco la llama violeta para que se manifieste ahora. Gracias por fluir a través de mi cuerpo y de mi espíritu para transformar toda negatividad y proteger mi energía a lo largo del día».

3. La llama violeta se manifestará en tu interior y a tu alrededor. Al principio parecerá una luz violeta corriente, pero cuanto más tiempo la observes con atención, más distinguirás que arde y emite destellos como el fuego. Visualiza cómo la llama violeta envuelve tu cuerpo y tu aura y elimina toda negatividad. En vez de interferir en el haz de luz arcoíris, colabora con este para hacerte inmune a la negatividad externa.

4. Cuando hayas definido los límites del escudo de llama violeta en tu interior y a tu alrededor, da las gracias por su protección y sal del estado meditativo.

Puedes descargar una versión ampliada de esta meditación en audio (en inglés) en GeorgeLizos.com/PYL.

CAPÍTULO 34

Pirámide de luz dorada

Un día, mientras estaba sentado meditando, sentí cómo el dios griego Apolo acudía a mi presencia y colocaba una pirámide de luz dorada alrededor de mi cuerpo. Cuando activé sus cinco caras, alcancé a notar cómo la luz dorada se filtraba a través de mi aura y de mi cuerpo y limpiaba y elevaba mi energía casi al instante. Aunque yo no había estudiado a fondo la geometría sagrada, a esas alturas sabía que la pirámide era un poderoso símbolo en el ámbito de la protección energética.

Al indagar en textos antiguos para descubrir el significado espiritual de las pirámides y el triángulo, entendí claramente por qué era tan potente. Según el matemático de la antigua Grecia Euclides, el triángulo fue la primera forma primaria y es el fundamento de los mundos elementales. Concretamente, en el año 360 a. de C., Platón planteó la teoría de que el triángulo equilátero crea cinco formas poliédricas que se conocen como *sólidos platónicos*. Según el filósofo griego, estas formas representan los elementos tierra, aire, fuego, agua y éter, y son el *patrón original* de toda creación física. En la década de 1980, Robert Moon, profesor de la Universidad de Chicago, confirmó que los sólidos platónicos son sin duda alguna la base de la estructura de protones y neutrones de todos los elementos de la tabla periódica.[5]

Una pirámide cuadrangular, que consta de cuatro triángulos laterales y una base cuadrangular, idéntica a las famosas pirámides egipcias, constituye la estructura perfecta para transmutar la energía. Su estable base cuadrangular se asienta firmemente sobre la Tierra y las cuatro caras que se proyectan hacia arriba convergen en un mismo punto. Esto crea una corriente de energía vigorosa y simbólica desde la Tierra al cielo y viceversa. Básicamente, la pirámide sirve de puente entre el mundo físico y el espiritual, permitiendo que la energía de la fuente fluya a través de ti desde la cúspide de la pirámide para limpiar y elevar tu energía, y posteriormente para enraizarla y anclarla en la Tierra.

Meditar dentro de una estructura piramidal física es magnífico para transmutar las ataduras energéticas tóxicas y elevar la vibración, pero es posible conseguir los mismos resultados visualizando un escudo piramidal alrededor del cuerpo. Aunque puedes protegerte con una pirámide del color que más te resuene, crear un escudo con una pirámide dorada lo hará impenetrable. El dorado es el color asociado con la fuente; desde el punto de vista espiritual, es el color con la frecuencia vibracional más elevada y puede sintonizarte con la frecuencia de tu yo interior casi al instante.

Realiza los siguientes pasos para crear un escudo de pirámide de luz dorada:

1. Cierra los ojos y entra en estado meditativo. Centra tu atención en el chakra corona, situado en tu coronilla, el canal de comunicación con la fuente y los reinos superiores. Pon tu intención en que la luz dorada de la fuente te proteja y visualiza cómo una esfera de luz dorada comienza a brillar en tu chakra corona. Pide a esta luz que bañe tu cuerpo físico y tu aura, y con cada respiración, visualiza cómo fluye a través de ti y llena todo tu ser.

2. Cuando todo tu cuerpo y tu aura rebosen de luz dorada procedente de tu chakra corona, permite que esa luz adquiera la forma de una pirámide dorada que envuelva tu cuerpo. Con el fin de potenciar su poder, invoca a Apolo, el dios griego de la luz y de la protección energética, para que te acompañe en el proceso. Asegúrate de que la pirámide tenga cuatro caras triangulares y una base cuadrangular.

3. La pirámide emite luz dorada tanto hacia dentro como hacia fuera. La luz que proyecta hacia dentro transmuta las ataduras energéticas que ya existen en tu interior, mientras que luz que proyecta hacia fuera transmuta las ataduras energéticas procedentes del exterior y garantiza que lleguen vibraciones altas y amor. Recréate en el interior de la pirámide dorada y deja que su luz transforme la energía tóxica vital dentro y fuera de tu campo energético.

4. Programa la pirámide para que permanezca iluminada a lo largo del día o el tiempo que necesites para seguir transformando la energía negativa procedente del exterior.

5. Permanece así el tiempo que desees y, cuando te sientas pleno, sal del estado meditativo.

Puedes descargar una versión ampliada de esta meditación en audio (en inglés) en GeorgeLizos.com/PYL.

CAPÍTULO 35

Protección con amuletos y talismanes

os amuletos y talismanes son símbolos y objetos que generalmente se llevan colgados alrededor del cuello o en alguna otra parte del cuerpo y que se utilizan para protegerse de ataques energéticos. Aunque los dos términos a menudo se emplean indistintamente, hay importantes diferencias entre ambos.

Los *amuletos* se usan tradicionalmente para mantener a raya la energía negativa y crean un escudo energético repelente alrededor del aura que protege de ataques energéticos. Como explica el filósofo naturalista Plinio el Viejo en su libro *Historia natural*, un amuleto es «un objeto que protege a una persona frente a un problema». Por otro lado, los *talismanes* poseen cualidades amplificadoras y su cometido es reforzar las defensas energéticas naturales de quien los lleva. Es posible utilizar cualquier objeto para crear amuletos y talismanes: los cristales, las figurillas, las monedas, los dibujos y los textos son algunos de los más populares.

Desde tiempos ancestrales, numerosas culturas de todo el mundo han empleado amuletos y talismanes, y su uso sigue vigente hoy. En Egipto, las mujeres embarazadas portaban amuletos con el símbolo de Tueris, la diosa de la fertilidad y el parto, para protegerse de abortos espontáneos. Los antiguos griegos y romanos asociaban a las deidades con los cristales y elaboraban amuletos y talismanes con calcedonia, jaspe y amatista. En China, el *fulu* taoísta era un estilo de caligrafía especial que se empleaba para protegerse de espíritus demoníacos.

En la actualidad, los amuletos y talismanes continúan estando muy extendidos en todo el mundo en el ámbito religioso y en las creencias populares. El *nazar,* el ojo turco circular de cristal azul, es un ejemplo muy común de amuleto de protección contra el mal de ojo en países de Oriente Medio, mientras que en el cristianismo también se usa el crucifijo para protegerse del mal de ojo y de otras malas energías. Asimismo, a lo largo del tiempo han adquirido popularidad como amuletos y talismanes el ajo, el carbón, las runas, las monedas de la suerte y las herraduras.

Cómo funcionan los amuletos y talismanes

El poder protector de los amuletos y talismanes, igual que cualquier otra herramienta o procedimiento de protección, depende de la intención, las creencias, las oraciones y las bendiciones que se les otorgan. Lo que los distingue de la mayoría de las herramientas de protección energética —aparte del hecho de que se trabaja con algo tangible— es la intencionalidad combinada, y a menudo colectiva, que se pone en su creación. El poder protector de los amuletos y talismanes procede del conjunto de oraciones, creencias e intenciones de quienes los crearon y utilizan.

Si decides, por ejemplo, usar un talismán que te has comprado o que te han regalado, ese talismán poseerá las cualidades protectoras que le aportó la persona que lo creó además de las cualidades protectoras de tus propias intenciones. De igual modo, cuando te pones amuletos populares como el ojo turco o un crucifijo, el amuleto posee las cualidades protectoras del conjunto de todos aquellos que han usado en el pasado y de aquellos que usan en el presente ese amuleto en concreto para protegerse. Dada la naturaleza colaboradora de las cualidades protectoras de los amuletos y talismanes, es importante que confíes plenamente en quienes contribuyeron a su creación y en la intencionalidad colectiva que hay detrás de ellos antes de usarlos.

Desde el punto de vista energético, el amuleto o talismán crea un escudo energético protector alrededor del aura, cumpliendo con las cualidades programadas. Aunque los escudos protectores con amuletos y talismanes son bastante duraderos, es necesario reprogramarlos con frecuencia para que conserven su eficacia. He oído muchas historias de personas cuyos *nazares* se han roto inesperadamente en cuanto han sido expuestos a una intensa energía negativa. Esto ocurre cuando el amuleto no se ha cargado o reprogramado desde hace tiempo y, por tanto, ha perdido sus cualidades repelentes o amplificadoras y no ha sido capaz de soportar el ataque energético del exterior.

Cómo crear un amuleto o talismán

Aunque comprar un amuleto o talismán es muy beneficioso, sobre todo si se ha elaborado expresamente para ti, yo prefiero hacerme uno casero. No hay nada malo en dejar que otros apoyen nuestros esfuerzos de protección energética, pero depender exclusivamente de las intenciones y el poder de otra persona para tu propia protección puede conducir fácilmente a patrones de dependencia que nos despojan de nuestro poder. Por el contrario, cuando nos tomamos la molestia de crear nuestros propios amuletos y talismanes, reconocemos y honramos nuestro poder de protección energética, que es de por sí una poderosa herramienta de protección.

Realiza los siguientes pasos para crear tu propio amuleto o talismán:

1. Primero, decide si deseas crear un amuleto o un talismán. Recuerda que los amuletos repelen los ataques energéticos, mientras que los talismanes potencian las defensas energéticas naturales. Si quieres, puedes crear un objeto que combine ambas cualidades e incluso un talismán transmutatorio. No dejes que los términos te limiten: crea algo que te funcione.

2. Entra en estado meditativo y realiza los pasos para conectar con tu guía protector tal y como expliqué en el capítulo ocho. Cuando estés centrado, enraizado y conectado, pide a tu guía que te inspire para crear un símbolo u objeto que te sirva de amuleto o talismán. Continúa meditando unos minutos mientras este símbolo u objeto adquiere forma.

3. Si se trata de un símbolo, dibújalo en un papel inmediatamente para que no se te olvide; también puedes moldearlo con arcilla o tallarlo en madera, piedra o cristal. Si no es un símbolo, sigue las instrucciones que has recibido para crearlo. Los amuletos y talismanes más poderosos son los que se elaboran con materiales naturales o los que combinan materiales naturales y elementos físicos.

4. Antes de usar los materiales elegidos, no olvides limpiar su energía colocándolos bajo un chorro de agua fría o con humo.

5. Tras elaborar tu amuleto o talismán, sujétalo delante de tu pecho y prográmalo con tu intención, con una oración y/o invocando a tu guía protector y otros guías para reforzar sus poderes de protección. Puedes decir algo así como: «Pido a este amuleto que levante un escudo repelente de luz alrededor de mi cuerpo y mi aura para mantener alejada la energía

negativa mientras lo llevo. Gracias, [nombre de tu guía elegido], por aportar tus cualidades protectoras al amuleto para brindarme seguridad y protección en todo momento».

6. Para potenciar tu programación, tal vez quieras ungir tu amuleto o talismán con un aceite esencial que consideres que posee las cualidades que deseas aportarle y soplarle o darle un beso para impregnarle tu energía.

7. Ya estás listo para utilizar tu amuleto o talismán. Puedes llevarlo encima a diario o solo cuando sientas que necesitas su poder protector específico. Para conservar sus propiedades protectoras, es conveniente reprogramarlo antes de cada uso.

Consejos para comprar amuletos y talismanes

En vez de crear tu propio amuleto o talismán, puede que decidas comprar uno o que te lo regale un sanador o un amigo. Como he mencionado anteriormente, los amuletos y talismanes creados por otros y los populares de fabricación comercial que han sido usados a lo largo del tiempo por multitud de personas pueden proporcionar un poder de protección adicional debido a la intencionalidad colectiva que se puso en su creación. Sin embargo, no todos los amuletos y talismanes creados por otros son seguros, y no todos los populares son adecuados para todo el mundo.

He aquí las directrices a la hora de comprar un amuleto o talismán o cuando te regalan uno:

- **Investiga su procedencia:** averigua quién lo creó y la intención que hay detrás del amuleto o talismán de tu elección. ¿Fue obra de una sola persona o de un grupo de personas? ¿Qué formación tiene esa persona o ese grupo de personas?

¿Qué tipo de prácticas rituales se realizaron en su creación? ¿Estás de acuerdo con las creencias espirituales y la visión del mundo de esa persona o de ese grupo de personas? Si vas a comprar el amuleto o talismán en una tienda de esoterismo, puedes pedir al dueño que te facilite más información. Si con eso no basta, sostén el amuleto o talismán en tus manos y despierta tu intuición para ver qué te llega. ¿Cómo responde tu cuerpo? ¿Notas la sensación de que te expandes o de que te encoges ante la idea de usarlo?

- **Estudia los símbolos:** ¿lleva representado el amuleto o talismán algún símbolo? Un *símbolo* es una figura o un objeto que sirve de representación de algo. Los símbolos utilizados por una gran cantidad de personas a lo largo de muchos años contienen información codificada, arquetipos, patrones de pensamiento y emociones que guardan relación con su uso colectivo. Antes de elegir un amuleto o talismán, investiga un poco sobre el símbolo que lleva y asegúrate de que encaja con tu sistema de creencias y de que deseas que sea tu aliado.

- **Hazlo tuyo:** si al final compras un amuleto de fabricación comercial, por ejemplo un ojo turco o un crucifijo, ten presente que su energía protectora procede principalmente de su uso colectivo e intencionado a lo largo de los años y no de quien posibilitó su creación. Siempre y cuando te resuene la programación colectiva subyacente en el amuleto o talismán, el hecho de que no sea único sino producido en masa te brinda la oportunidad de hacerlo propio e infundirle tu intención. Para limpiarlo, programarlo y ungirlo, realiza los pasos 4-7 del apartado anterior.

Si acabas con un amuleto o talismán que no te resuena, regálaselo a alguien que le dé mejor uso o deshazte de él enterrándolo.

CAPÍTULO 36

Protección con tus guías espirituales

Como probablemente habrás comprobado al experimentar con las diversas técnicas de protección que he presentado hasta ahora, hay infinidad de formas de hacer uso de tu intención, imaginación y naturaleza, así como diversas fuentes de luz y energía, para escudarte y protegerte. La protección energética es una práctica milenaria en numerosas culturas, y es posible trabajar con multitud de técnicas, procedimientos y energías.

En este libro, he optado por proporcionar los que utilizo personalmente y encuentro que funcionan bien en estos tiempos. Con la salvedad de los espíritus elementales, no he ofrecido técnicas relacionadas con otros guías espirituales, como ángeles, santos, seres queridos fallecidos, espíritus de animales, gente de las estrellas y maestros ascendidos. Lo he hecho deliberadamente por respeto a todas las creencias espirituales y para que el libro sea lo más aconfesional posible. Sin embargo, esta parte quedaría incompleta sin explicar los beneficios de trabajar con dichos guías espirituales, al margen de la forma que adopten o de la religión a la que pertenezcan.

Los *guías espirituales* son deidades personales o colectivas que nos acompañan y guían a lo largo de nuestro viaje por el planeta Tierra. Algunos se nos proporcionan al nacer y nos acompañan en el transcurso de nuestra vida, mientras que otros vienen y van dependiendo de nuestras necesidades y deseos. Los guías personales trabajan exclusivamente con nosotros a lo largo de nuestra vida y en el más allá, mientras que los guías colectivos trabajan con multitud de personas a la vez.

Cada cultura, religión y senda espiritual trabaja con sus propios guías espirituales, y es importante que realices tu propio camino para conocer y elegir a los que sientes que te guían. En este capítulo, voy a proporcionar unas pautas generales para conectar y trabajar con los guías espirituales que elijas para la protección energética.

Mi viaje con los guías espirituales

Mis creencias espirituales han cambiado con el paso de los años. Al criarme en el credo cristiano, solía invocar a Jesús, a la Virgen María y a varios santos en busca de protección. Posteriormente, en mi etapa de experimentación con la hechicería, confié principalmente en los amuletos, los talismanes y las energías de la naturaleza. A raíz de mi transición a la Nueva Era, me formé en terapia de ángeles y trabajé la protección con varios ángeles, arcángeles y maestros ascendidos. Ahora, al convertirme al paganismo helénico, a menudo invoco a los elementales y a diversos dioses y diosas griegos, como Apolo, Zeus y Afrodita.

Lo interesante de trabajar con estos guías espirituales aparentemente antagónicos es que todos me ayudaron en igual medida a proteger mi energía. Esto respalda más si cabe mi premisa de que los principales factores que posibilitan la eficacia de un procedimiento son nuestra intención y nuestra creencia en el procedimiento, no este como tal. La energía de la fuente se manifiesta de tantas maneras como personas hay en este planeta, e incluso más. Como resultado de ello, la fuente encontrará el modo de trabajar con nosotros y protegernos basándose en nuestro actual sistema de creencias. Siempre he creído que hay multitud de caminos para llegar a la fuente, lo cual también es el caso en lo tocante a la protección energética.

Beneficios de trabajar con guías espirituales

En vez de proporcionarte una lista de deidades y guías espirituales con los que puedes trabajar para proteger tu energía, quiero que recurras a tu propio credo, doctrina espiritual o religión en busca de guía. ¿Quién consideras que es un guía espiritual apropiado con el que trabajar para tu protección energética? ¿Es un arcángel, una deidad pagana, un maestro ascendido, un espíritu animal, un ser querido fallecido, tu familia de estrellas o un espíritu elemental? Por otro lado, ¿qué guía espiritual consideras adecuado para ayudarte a poner en práctica los diversos procedimientos de protección que he descrito en esta parte del libro? Si no tienes un vínculo estrecho con ninguna doctrina espiritual, siempre puedes continuar trabajando con tu guardián de protección energética, con el que conectaste en el capítulo ocho, para que guíe y refuerce tu práctica de protección.

Dicho esto, a la hora de limpiar o proteger tu energía no es necesario que invoques a un guía espiritual específico. Tu propio poder y tu intención son suficientes para protegerte. No obstante, si tienes firmes creencias y fe en determinados guías espirituales, valerte de su apoyo y sus cualidades protectoras te resultará extraordinariamente beneficioso. Dado que todos los guías espirituales son extensiones de ti, conectar con ellos puede ser catalizador para acceder a partes latentes de tu ser, acelerar tu viaje de ascensión y ayudarte a alcanzar tu potencial espiritual más elevado.

Al mismo tiempo, cuando conectas con tus guías espirituales con el fin de proteger tu energía, tal vez te ofrezcan nuevas técnicas de protección personalizadas para ti. A menudo invoco a Afrodita cuando me siento inseguro o incómodo en una cita, a Zeus cuando me siento perdido o asustado, y a Apolo cuando siento que estoy siendo objeto de un ataque psíquico por parte de alguien. En todos los casos, los dioses y diosas acuden a mí y me protegen con sus energías únicas o me guían en procedimientos de protección energética más complejos. Puedes hacer lo mismo experimentando con deidades con las que sientas una estrecha conexión.

Realiza la siguiente meditación para protegerte con ayuda de los guías espirituales de tu elección:

1. Cierra los ojos y entra en estado meditativo. Tras centrarte y enraizarte, ábrete para conectar con tu guía espiritual. Puedes invocar a tu guardián de protección energética o a cualquier otro guía espiritual con el que desees trabajar.

2. Con el fin de asegurar la conexión, di mentalmente o en voz alta algo parecido a: «Invoco a [nombre del guía espiritual] para que acuda a mi presencia y proteja mi campo energético. Gracias por protegerme de la energía tóxica en todas sus formas y por mantenerme alineado con el amor y la luz».

3. En este momento, sentirás la presencia de la energía de tu guía. Mediante tu lenguaje intuitivo dominante, conecta con tu guía y pídele que te muestre la mejor manera de protegerte.

4. Lo que suceda a continuación dependerá totalmente de tu guía espiritual. Puede que te proteja con su luz, que te regale un amuleto o talismán energético o que te guíe a través de una visualización u otra técnica: hay un sinfín de posibilidades. Mantente presente y conectado y deja que tu guía marque el camino.

5. Una vez finalizado el proceso, transmite tu gratitud a tu guía espiritual y pídele que te acompañe para mantener la protección durante el tiempo que necesites. Cuando termines, sal del estado meditativo sintiéndote protegido y a salvo.

CAPÍTULO 37

Preguntas frecuentes acerca de la protección energética

Al experimentar con estos procedimientos de limpieza energética, y con los que tal vez hayas aprendido sobre la marcha, puede que te surjan dudas sobre la eficacia, utilidad y frecuencia de su práctica. Las cuatro preguntas más habituales que me plantean acerca de la protección energética son las siguientes:

¿Son infalibles estos procedimientos?

Todos los procedimientos que he descrito poseen un gran poder y eficacia a la hora de protegerte de ataques energéticos, pero no son infalibles. Solo son eficaces en la medida en que tu frecuencia vibracional les permite serlo en el instante presente. Tu frecuencia vibracional se eleva y disminuye en el transcurso de tus diversas vivencias a lo largo del día. Sí, el haz de luz arcoíris la mantiene elevada, pero tú tienes el poder de disminuir o aumentar su potencia centrándote en las experiencias negativas de la vida.

Como resultado de ello, aunque el haz de luz arcoíris y la llama violeta te protejan de ataques psíquicos hasta cierto punto, cuando tu vibración oscila es posible que aún atraigas negatividad.

¿Puedo combinar estos procedimientos de protección con otros?

Sí, no es necesario que cambies tu práctica de protección energética si es eficaz. No obstante, te recomiendo que pruebes estos métodos al menos una vez para ver cómo te funcionan. Tal vez llegues a preferirlos a tus procedimientos habituales o incluso te inspiren a crear uno nuevo.

¿Con qué frecuencia debería protegerme?

Lo ideal sería que lo hicieras todas las mañanas con el fin de mantener la protección durante todo el día. Pero, como tu frecuencia vibracional cambia inevitablemente a lo largo de la jornada, es más conveniente que te protejas de nuevo a mediodía para complementar tus escudos.

Al mismo tiempo, si en algún momento te sientes vulnerable a la negatividad externa puedes reforzar o reactivar tus escudos simplemente con tu intención. Cuando estoy en un hospital, un gimnasio, un aeropuerto o cualquier otro lugar concurrido, a menudo me protejo y enseguida se me relajan los hombros y mejora mi estado de ánimo.

¿Cuándo debería reforzar mis escudos protectores?

He mencionado algunas de las ocasiones en las que es aconsejable reforzar los escudos protectores y los escudos específicos asociados con ellos en sus apartados correspondientes. He aquí una lista más completa de dichas ocasiones:

- **Cuando te sientes desconectado de la fuente**
  Como he mencionado anteriormente, el grado en el que atraes ataques energéticos depende del grado en el que estés alineado con tu yo interior. Cuando tu frecuencia vibracional

es elevada, es decir, cuando sientes principalmente emociones positivas, estás alineado de manera natural con la fuente y solo puedes atraer a personas, energías y experiencias en consonancia con ese estado vibracional elevado.

Solo te vuelves vulnerable a los ataques cuando tu frecuencia vibracional es inferior que la frecuencia de tu yo interior. Desde esta perspectiva, siempre que te sientas desconectado de la fuente es buen momento para potenciar tu práctica espiritual y tus escudos de protección energética con el fin de volver a alinearte.

- **Cuando estás atrapado en una interacción tóxica**
  Todos nos hemos visto atrapados en encuentros con personas tóxicas que se ponen a contar los dramas y desgracias de su día a día. La energía de la sala se contamina y se vuelve cada vez más asfixiante; al término del encuentro, nos sentimos sin energía y desanimados. Aunque es importante mostrar empatía, también lo es asegurarse de no absorber la energía de esas personas.
  Mi consejo a la hora de enfrentarte a dichas interacciones tóxicas es marcharte educadamente. Si por la razón que sea no eres capaz de hacerlo, debes reforzar tus escudos para proteger tu campo áurico y mantener a salvo tu energía.

- **Cuando estás pasando por una enfermedad o convalecencia**
  Cuando sufrimos periodos de enfermedades físicas, intervenciones quirúrgicas o cualquier tipo de problema de salud mental, quedan cicatrices en nuestro campo energético que lo debilitan. Como nuestra salud mental y física guarda una relación directa con nuestra salud energética, es crucial

que dediquemos tiempo tanto a limpiar como a proteger nuestra energía a conciencia. Esto no solo te protegerá contra ataques energéticos de cualquier índole, sino que también te ayudará a curarte antes.

- **Cuando estás viajando o rodeado de muchas personas**
Es importante que dediques un tiempo adicional a protegerte antes de ir a aeropuertos, hospitales o espacios de ocio como cines, conciertos, discotecas, centros comerciales e incluso el mercado. Siempre que estés en espacios con multitud de personas corres el riesgo de que sus campos energéticos interfieran en el tuyo o que consciente o inconscientemente te transmitan energía negativa. Si eres un *émpata*, es probable que te sientas agobiado y agotado después de pasar un largo día en esos lugares, aunque no hayas hecho gran cosa y la jornada haya sido relajada. Esto es debido a que las ataduras energéticas de las personas y los espacios han saturado tu aura.

- **Siempre que te apetezca**
A veces, es posible que sientas la necesidad de reforzar tus escudos energéticos a pesar de que aparentemente no haya ninguna razón para hacerlo. Confía en esa sensación y haz lo que haga falta para sentirte a salvo. Como he explicado en este libro, hay muchos niveles de ataques energéticos y, aunque puede que tu mente consciente no sea capaz de reconocer todos, tu intuición siempre los detecta.

CUARTA PARTE

Protege tu energía en Internet

CAPÍTULO 38

Vivir en un mundo digital

U na de las razones por las que desarrollar la habilidad de protegerse a nivel energético se ha convertido en una necesidad crucial es nuestra creciente exposición a personas y lugares, no solo a nivel físico, sino también en los espacios digitales en los que interactuamos. Los avances tecnológicos han contribuido a eliminar los límites del tiempo y el espacio y han hecho posible que viajar por el mundo resulte más barato y rápido; lo mismo han hecho con los espacios digitales en los que pasamos el tiempo. A lo largo de las últimas décadas, se ha producido una transición progresiva de nuestras vidas y empresas al mundo digital; cada vez son más las personas que se encuentran a gusto relacionándose y trabajando *online*. La pandemia de la COVID-19, catalizadora de la revolución digital, ha hecho que la vida y el trabajo *online* sean inevitables.

Lo que es importante entender acerca de los espacios virtuales es que, en efecto, son *espacios*. A pesar de ser inmateriales, existen en el mundo digital y tienen energía de manera similar a los espacios físicos. En su libro *Social Media for a New Age 2* [Redes sociales para una nueva era 2], Katie Brockhurst dice lo siguiente:

> *Es un mundo digital, una metrópolis en expansión que no para de cambiar y crecer. Se construyen nuevas autopistas y se desvían carreteras, surgen*

nuevos barrios residenciales en forma de nuevas funciones y actualizacio-
nes. Luego está la gente, los anuncios y vídeos que aparecen en los perfiles
de nuestras páginas a través de publicaciones y publicidad patrocinada.
Las llamadas diarias a nuestras puertas digitales, a menudo sin previo
aviso o sin invitación, son como tener a todos los vendedores de doble ais-
lamiento y a los testigos de Jehová llamando a tu puerta al mismo tiempo
que te saturan el buzón de folletos de publicidad y ofertas. [6]

Como resultado de ello, es importante analizar con detenimiento los espacios digitales en los que interactuamos con el fin
de tomar las medidas necesarias para proteger nuestra energía y
a nosotros mismos. Aunque desde el punto de vista energético el
funcionamiento de los espacios digitales es similar al de los espacios físicos y, por tanto, muchos de los procedimientos de limpieza
y protección que has aprendido hasta ahora en este libro también
te ayudarán a protegerte en Internet, hay importantes matices y
técnicas específicas que contribuirán a potenciar tu protección. En
esta última parte del libro, tras abordar la naturaleza de los espacios
digitales y nuestra forma de interactuar en ellos, ofreceré consejos
y procedimientos tanto tácticos como espirituales que te ayudarán
a proteger tu energía en Internet.

Entender los espacios digitales

Plantéate el mundo digital como un mundo existente dentro de
otro. Primero, tenemos el mundo físico en el que habitamos, con
sus diversos continentes, países, ciudades, casas y el conjunto de relaciones e intercambios humanos y espirituales que se producen en
él. Contamos con espacios públicos, como calles, parques y centros
urbanos; con espacios semipúblicos, como centros comerciales,

cines, restaurantes y bares, y con espacios privados, como nuestros hogares y vehículos.

Por otro lado, tenemos el mundo digital existente en una dimensión paralela dentro del mundo físico y básicamente como un reflejo de este. Las diversas plataformas de redes sociales pueden considerarse como países diferentes, cada uno con su infraestructura de espacios públicos y privados en los que podemos interactuar.

Pongamos como ejemplo Instagram: la barra de exploración y los diversos *hashtags* son similares a los espacios públicos de las grandes ciudades; puedes pasear por ellos y encontrarte con personas, información y energía de todo tipo. Tu *feed* en Instagram es un espacio semipúblico donde sigues expuesto a una amplia variedad de contenidos, principalmente de personas que tú eliges. Por último, tu sección de mensajes directos es un espacio privado en el que puedes mantener conversaciones más íntimas con personas con las que eliges interactuar. Instagram, Facebook, Twitter, LinkedIn, TikTok, Snapchat, YouTube, Whatsapp y otras plataformas de redes sociales son países digitales con sus respectivas infraestructuras de espacios públicos, semipúblicos y privados.

Interactuar en múltiples plataformas es como ser una estrella del pop que va de gira mundial, volando de un país a otro, dando conciertos, conociendo a sus fans y concediendo entrevistas. Puede que físicamente te encuentres en casa, repantigado en el sofá y saboreando una taza de chocolate caliente mientras tocas la pantalla de teléfono, pero tus cuerpos sutiles (el emocional, el mental y a veces el astral) están trotando por el mundo digital. Tal vez tu cuerpo físico esté protegido y a salvo, pero tus otros cuerpos pueden estar expuestos a toda clase de energías con las que se topan en sus viajes digitales.

Comunicarse *online*

En mi experiencia, la comunicación en el mundo digital nos hace más vulnerables a los ataques energéticos que la comunicación cara a cara. En el mundo real, utilizamos nuestros sentidos para escanear el entorno circundante y calibrar su energía antes de internarnos en él. Una vez dentro, también usamos nuestros sentidos, y especialmente nuestra percepción áurica, para relacionarnos con quienes intuimos que va a resultar agradable. Si acabamos trabando conversación con alguien que no nos da buenas vibraciones, lo notamos enseguida y tenemos la posibilidad de marcharnos.

En las conversaciones que tienen lugar en el mundo digital, la comunicación se reduce a palabras, y a veces a emoticonos, un vano intento de expresar la infinidad y complejidad de las emociones del ser humano. Al perder el factor físico de la comunicación —la presencia física, las emociones, la energía y el lenguaje no verbal— también perdemos parte de nuestra capacidad para escanear el espacio digital y apreciar la calidad de las personas y de nuestras interacciones con ellas. A pesar de que no cabe duda de que podemos aprender a humanizar nuestra comunicación escrita mediante un uso adecuado del lenguaje y de los emoticonos e incluyendo mensajes visuales y de audio, inevitablemente se pierde gran parte de la comunicación humana.

Muchos optan por aprovechar el carácter deshumanizado de la comunicación digital para desbarrar y expresarse con más brusquedad y sin tapujos, de una manera realmente impropia de su personalidad. Otros optan por simular o cambiar totalmente de identidad ocultándose detrás de fotografías y perfiles falsos para interactuar a través de personajes ficticios. Como consecuencia de ello, comunicarse en el espacio digital es infinitamente diferente a comunicarse en el mundo real, lo cual abre el abanico de formas en las que podemos ser objeto de ataques energéticos.

Los ataques energéticos en el mundo digital

Los ataques energéticos funcionan de la misma manera en el espacio digital que en el mundo real. Aunque no exista un vínculo estrecho con las personas con las que nos relacionamos y a las que nos exponemos en las redes sociales, seguimos conectados a ellas a través del espacio virtual que compartimos. Nuestra presencia en el mismo espacio les brinda acceso a nuestra energía y nos hace vulnerables a los ataques. Tienes las mismas probabilidades de ser objeto de ataques energéticos cuando participas en un hilo de comentarios en un *post* de Facebook o Instagram que cuando vas a un restaurante y te expones a desconocidos. Recuerda: el mundo digital fue creado a semejanza del mundo físico y también refleja la forma en la que la energía fluye entre las personas que interactúan en él.

Como resultado de ello, en el mundo digital puede producirse cualquiera de los ataques energéticos mencionados en el capítulo cinco, los cuales incluyen desde la energía espacial residual que atraemos en los espacios sociales donde interactuamos hasta dagas psíquicas originadas por ataques y envidia.

Hace unos años, fui víctima de un ataque energético en forma de dagas psíquicas al interactuar con alguien en los comentarios de un vídeo de YouTube. Yo comenté que había muchos caminos espirituales para llegar a la fuente; esto provocó un comentario moralista por parte de un cristiano dogmático que afirmó que únicamente existía un camino verdadero hacia Dios. Un comentario condujo a otro y, al cabo de una hora, me vi atrapado en un acalorado debate sobre el dogma y la religión. Acabé sin energía y descorazonado ante la imposibilidad de acercar posiciones. Acto seguido borré mis comentarios con el fin de desconectar de esa energía, pero fue demasiado tarde. Pasé aquella noche en vela con una migraña y un dolor de estómago terribles.

Los estudios recientes de psicología llevados a cabo en el ámbito de las redes sociales avalan la existencia de ataques energéticos *online* en lo que se denomina *contagio emocional*. El contagio emocional se define como el medio mediante el cual las emociones de una o varias personas pueden transmitirse y provocar emociones similares en otros individuos. Concretamente, en un experimento reciente llevado a cabo en Facebook se demostró que «las emociones se contagian *online*, incluso en ausencia de señales no verbales propias de las relaciones cara a cara, y es más probable que las emociones positivas o negativas calen en los individuos si proliferan excesivamente en la red social de estos».[7]

Es más, las emociones que proliferan excesivamente en las redes sociales no solo pueden cambiar nuestro estado de ánimo, sino también nuestros valores. En un experimento llevado a cabo recientemente sobre los efectos de la crisis del coronavirus en las emociones se concluyó que «a partir de las relaciones dinámicas entre los valores y la relación que guardan las emociones con los valores, un clima emocional negativo puede contribuir a un cambio de valores en la sociedad hacia valores relacionados con la preservación de la seguridad y la prevención de amenazas».[8] Esta conclusión respalda lo que he explicado anteriormente en el libro acerca de cómo la energía que transmiten las personas y los espacios puede influir en nuestra manera de pensar, sentir y actuar, impidiéndonos ser auténticos desde el punto de vista energético.

Los ataques energéticos en el mundo digital pueden cobrar fuerza con las llamadas *burbujas de filtro* o *cámaras de eco*. Básicamente, las plataformas de redes sociales populares, como Facebook e Instagram, utilizan algoritmos con el objetivo de ir redirigiéndonos hacia personas e información afines a nuestras emociones, creencias y valores según determina nuestro comportamiento en estas plataformas. ¿No te has dado cuenta de que después de pinchar en un determinado enlace, interactuar con el *post* de una empresa o comentar algo habitualmente en tus publicaciones, cada vez te bombardean con más contenidos relacionados con el mismo tema?

Ese algoritmo responde a tu comportamiento en ese espacio digital y te mantiene enganchado a él. El algoritmo crea cámaras de eco personalizadas con individuos e información afines a ti y a tus creencias, y te mantiene al margen de la información que no coincide con tu forma de pensar. Aunque estas cribas pueden tener sus ventajas cuando te has tomado la molestia de elegir cuidadosamente a las personas y los contenidos que te interesan en las redes sociales, es fácil que caigas en un círculo vicioso que crea una cámara de eco llena de gente tóxica, noticias falsas y comentarios ofensivos que te hacen vulnerable a los ataques energéticos.

CAPÍTULO 39

Controlar tu presencia en Internet

Ahora que entiendes el funcionamiento del mundo digital tanto desde el punto de vista práctico como energético, es hora de tomar medidas para salvaguardar y proteger tu presencia en Internet. Antes de conocer los diversos procedimientos energéticos y espirituales que puedes utilizar para limpiar y proteger tu presencia *online* de energía negativa, es necesario tratar las acciones que puedes llevar a cabo para eliminar el máximo de energía negativa posible. Estas acciones combinan medidas que puedes tomar y límites que puedes poner para controlar los espacios digitales y la gente con la que te relacionas en el mundo digital junto con estrategias que puedes poner en marcha para eliminar la negatividad que generen.

De la plaza pública a la sala de estar

En 2019, el presidente de META, Mark Zuckerberg, publicó en el siguiente artículo su visión sobre el futuro de las redes sociales e Internet:

En los últimos quince años, Facebook e Instagram han ayudado a las personas a conectarse con amigos, comunidades e intereses en el equivalente digital de una plaza pública. Pero cada vez más, las personas también quieren conectarse de forma privada en el equivalente digital de la sala de estar. Al pensar en el futuro de Internet, creo que una plataforma de comunicaciones centrada en la privacidad será aún más importante que las plataformas abiertas de hoy. La privacidad le da a la gente la libertad de ser ellos mismos y conectarse de forma más natural: por eso construimos redes sociales.[9]

En la analogía de la plaza pública y la sala de estar, Zuckerberg no solo capta el deseo de muchos de nosotros de tener más privacidad en nuestras interacciones *online*, sino que también ofrece la solución para eliminar los ataques energéticos en Internet. En el capítulo anterior, hice la distinción entre espacios digitales públicos, semipúblicos y privados en las redes sociales. Si decidimos de manera consciente alejar nuestras interacciones *online* de la plaza pública y las dirigimos a las salas de estar semipúblicas y privadas, automáticamente adquirimos más poder sobre el espacio en el que nos encontramos y las personas con las que nos relacionamos.

Personalmente, rara vez echo un vistazo al *newsfeed* en Facebook o Instagram, pues prefiero centrarme en interactuar con personas en grupos privados en Facebook y Messenger, por Whatsapp y a través de mensajes directos en Instagram. Así evito caer en la trampa de terminar en una espiral interminable de contenidos y el riesgo de toparme con personas o información que me causen malestar o que me afecten de manera negativa. Aunque paso por la plaza pública a diario cuando me conecto a Facebook o Instagram, enfilo directamente a las salas de estar digitales que he nutrido con vibraciones y personas positivas.

Tú eres el alcalde de tu plaza pública

Si decides pasar el rato en las plazas públicas de las redes sociales, que sepas que eres el alcalde y que tienes la oportunidad de adecuarlas para que estimulen tu energía en vez de mermarla. Tu *newsfeed* en la mayoría de las plataformas de redes sociales incluye noticias de personas a las que has seguido y anuncios de contenidos en los que has interactuado. Si eres consciente de aquellos con los que tienes amistad o a los que sigues y te tomas tu tiempo para seleccionar cuidadosamente a un grupo de gente que aporte energía positiva a tu *feed*, consigues convertir tu plaza pública en un sitio con buenas vibraciones.

De igual modo, si eres consciente de los contenidos que lees, de tus *likes*, de lo que comentas y con lo que interactúas de cualquier forma en las redes sociales y en Internet en general, y te aseguras de involucrarte solo en contenidos que aporten algo positivo a tu energía, acotas la información que te llega de los algoritmos. En las ocasiones en las que te saturas de anuncios y contenidos indeseados, tienes la posibilidad de hacer que la plataforma de la red social sepa que no te interesan, de modo que condicionas el algoritmo en tu beneficio.

Cómo formar una comunidad virtual de buena energía

Una de las mayores frustraciones a las que se enfrenta la gente a la hora de formar una comunidad de buena energía con amigos y otras personas a las que siguen en Internet es la cuestión de eliminarlos de sus contactos o dejar de seguirlos. Debido a la creciente confluencia del mundo real y el digital, las relaciones que mantenemos con la mayoría de la gente son subliminales. Como resultado de ello, cuando la relación virtual termina o parece tocar a su fin, la relación personal también se deteriora. Esto provoca malentendidos innecesarios, dolor y dramas.

Muchos de los consejos espirituales que se dan a la hora de eliminar a ciertos contactos o dejar de seguirlos es hacerlo sin reservas o teniendo en cuenta las consecuencias. Aunque durante mucho tiempo he coincidido con ese punto de vista, cada vez tengo más claro que la creciente confluencia del espacio físico y el digital ha cambiado el modo de relacionarnos hasta tal punto que ahora necesitamos un enfoque más sutil. El espacio digital ha dejado de ser un juego, una novedad o un pasatiempo; se ha convertido en una extensión de nuestras vidas y relaciones, de ahí que las relaciones virtuales deban gestionarse de una manera similar a las personales.

Mi propia estrategia para gestionar mis relaciones en el mundo digital y al mismo tiempo tener en cuenta mi bienestar consiste en marcar bien los límites y adoptar estrategias para controlar mi comunidad en Internet. En lo tocante a Facebook, he creado dos perfiles, uno profesional y otro para los amigos y familiares, marcando un límite definido entre los dos para evitar malentendidos. Como solamente uso Instagram para el ámbito profesional, digo a mis amigos, familiares y conocidos que solo sigo a personas con fines profesionales. Al diferenciar claramente ambas plataformas de redes sociales, consigo mantenerme conectado con mis relaciones estrechas y al mismo tiempo respeto mi propio bienestar.

A la hora de dejar de seguir o de tener amistad con personas con las que tengo contacto en redes sociales, trato cada caso de manera individual, ya que soy consciente de que dar ese paso puede acabar dañando nuestra relación personal. Si se trata de un amigo cercano o un familiar, le mando un breve mensaje en el que se lo explico, pero si se trata de un conocido, no le doy explicaciones porque la relación no es tan estrecha como para que sea necesario justificarse. Tanto Facebook como Instagram tienen junto a cada contacto una opción para silenciar que permite dejar de recibir notificaciones de sus publicaciones e historias.

Controla la configuración de tu privacidad

Otra medida para controlar lo que ves y con quién interactúas en las redes sociales es editar tu configuración de privacidad y anuncios. La mayoría de la gente no sabe que de hecho es posible determinar el tipo de anuncios que desea ver o no ver en Facebook (y, por tanto, en Instagram, ya que es propiedad de Facebook). Consultar los apartados de privacidad y anuncios de las plataformas de redes sociales que utilizas puede ayudarte a tener más control sobre las personas que pueden enviarte solicitudes de amistad y ver tus publicaciones, la información personal que puede ver la gente y, lo más importante, la información que proporcionas a los anunciantes.

Hace poco consulté la configuración de anuncios de mi cuenta de Facebook y desactivé la publicidad de todos los anunciantes, eliminando así cualquier posible anuncio negativo o desagradable que pudiera suponer un ataque energético. A raíz de la reciente noticia de cómo los anunciantes realizan una segmentación psicográfica de la información en las redes sociales para manipular el comportamiento de los usuarios, hay una creciente transparencia en las agencias de gestión de redes sociales que nos permite gestionar y controlar mejor nuestros perfiles, pero también se han reforzado los protocolos de privacidad y seguridad. Yo quiero creer que la visión de Mark Zuckerberg se hará realidad algún día y que conducirá a un futuro seguro en el que tengamos pleno control de nuestros espacios digitales.

Pon tu intención

Probablemente la principal estrategia que puedes adoptar para proteger tu energía en las redes sociales sea poner tu intención en ello. Las redes sociales están diseñadas para crear adicción. Detrás de la interfaz de los portales de redes sociales que utilizamos hay una gran cantidad de estudios cuyo objetivo es mantenernos enganchados a las plataformas el máximo tiempo posible. ¿Cuántas veces te has conectado a una red social con la intención de hacer algo en concreto y has caído en una espiral interminable de «bichear» y dar a «me gusta» sin ton ni son durante horas, olvidándote por completo de tu objetivo inicial? En su libro *Enganchado (Hooked): cómo construir productos y servicios exitosos que formen hábitos,* Nir Eyal señala que la tecnología adictiva se vale de nuestra psicología para crear detonantes externos (por ejemplo, las notificaciones de nuevos mensajes) e internos (por ejemplo, nuestra necesidad de esperanza, placer o aceptación social) que nos mantienen enganchados a sus plataformas y las convierten en una parte imprescindible de nuestras vidas.[10]

Cuando aunamos el conocimiento de la naturaleza adictiva de las redes sociales con el compromiso de mantener nuestra autenticidad energética, creamos una intención lo bastante fuerte como para romper la espiral adictiva y empezar a usar las redes sociales de una manera más sana. Para ello, antes de conectarte a cualquier plataforma de red social, tómate unos minutos para poner tu intención y márcate un límite de tiempo. ¿Para qué vas a conectarte? ¿Es para contactar con amigos, compartir algo en tu *feed* o promocionar tu empresa? Si no tienes claras tus intenciones, permitirás que la tecnología diseñada por los creadores de las plataformas te manipule a ti y a tu energía.

Desactivar las notificaciones

El principal gancho externo que las redes sociales y otras plataformas digitales y sitios web utilizan para arrastrarte a su vórtice son las notificaciones automáticas. Cada vez que una notificación aparece en la pantalla de tu teléfono o de otro dispositivo despierta tu necesidad de gratificación interna, provocando un deseo casi incontenible de conectarte a la plataforma de red social para echar un vistazo. Aunque la notificación te conduzca a una experiencia virtual positiva, lo más probable es que empieces a curiosear sin ton ni son y que posiblemente te topes con algo tóxico o negativo.

Desactivar todas las notificaciones del móvil y del ordenador te permite controlar tu intencionalidad en las redes sociales. Garantiza que seas tú quien decida cuándo consultar tu teléfono, así como el tipo de actividades en las que vas a involucrarte.

Descansa de las redes sociales

Lo mejor que puedes hacer si te ves atrapado en una espiral de energía negativa cada vez que te conectas a una red social plagada de personas e información tóxicas es tomarte un descanso de las redes sociales. Pasar una semana sin conectarte te ayudará a limpiar tu energía y resetear tu frecuencia vibracional con el fin de romper el patrón de atracción negativo en el que has caído en Internet. Cuanta más energía proporciones a la negatividad *online*, más la alimentarás, así que pasar el «mono» es la manera más fácil de eliminar las vibraciones negativas y hacer borrón y cuenta nueva.

Tras apartarte durante un tiempo y elevar tu vibración, puedes aprovechar los consejos y procedimientos de este capítulo y del siguiente para limpiar y proteger a nivel físico y energético tus plataformas de redes sociales.

Cambia tu vibración

Lo que en última instancia controla tu experiencia en las redes sociales es tu vibración. Cuando dedicas tiempo a limpiar y proteger tu energía y a elevar tu frecuencia vibracional antes de conectarte a Internet, te aseguras de establecer contacto únicamente con individuos e información que se hallan en sintonía con la frecuencia que emites. Ninguna persona, empresa de red social o anunciante puede imponerte algo que no sintonice con tu vibración. A medida que trabajes con los procedimientos de este libro para limpiar tu energía y elevar tu vibración con regularidad, llegará un momento en el que elevarás hasta tal punto tu frecuencia vibracional dominante que te protegerá de una manera natural contra la negatividad en Internet.

CAPÍTULO 40

Procedimientos de limpieza y protección digital

Cuando te involucras en el mundo digital, utilizas principalmente las capas emocional, mental y astral de tu aura. Si dedicas tiempo a limpiar y proteger tu aura mediante los procedimientos descritos en los capítulos anteriores, automáticamente también refuerzas tus defensas energéticas en Internet. No obstante, como el mundo digital básicamente pertenece a una dimensión diferente, puedes emplear procedimientos adicionales para protegerte. En este capítulo, abordaré tres de ellos para que puedas limpiar y proteger tu presencia en Internet.

Ritual de limpieza del espacio digital

Repasemos la analogía del mundo digital como extensión y reflejo del mundo físico. Las diversas redes sociales que utilizas —Facebook, Instagram, Twitter, TikTok, etcétera— son semejantes a países digitales con diversas ciudades, barrios, comercios, viviendas y habitantes. De igual manera que tienes a tu disposición diversas herramientas y procedimientos para limpiar y proteger la energía de tu casa, puedes usarlos para hacer lo mismo en los espacios digitales en los que habitas.

En una meditación de limpieza del espacio digital, accedes al espacio digital de tus portales de redes sociales por medio de la visualización y de los diferentes procedimientos que has aprendido en este libro o con cualquier otra técnica de limpieza y protección que elijas para llevar a cabo un ritual de limpieza del espacio. Al limpiar y proteger a nivel energético tu presencia en Internet, proclamas deliberadamente ante ti mismo y ante el universo el tipo de interacciones que deseas tener en la Red. Por consiguiente, el universo responde a tu petición y crea las circunstancias adecuadas para reorganizar tus espacios digitales de tal manera que sintonicen con tu intención energética. Este ritual te proporcionará asimismo el impulso y la inspiración para adoptar las medidas necesarias con el fin de actualizar estos cambios energéticos.

Sigue los siguientes pasos para realizar un ritual de limpieza del espacio digital:

1. Cierra los ojos y entra en estado meditativo. Tómate tu tiempo para centrarte, enraizarte y conectar con tu poder de protección según las indicaciones del capítulo ocho.

2. Visualízate flotando en el espacio exterior y contemplando un planeta Tierra de apariencia digital. En vez de continentes, países y océanos, lo que ves son los diversos países que representan tus plataformas de redes sociales. Puedes ver el reino de Facebook, la tierra de Instagram, el universo de Twitter y cualquier otra plataforma que utilices.

3. Elige una de ellas y ve haciendo zum para acercarte poco a poco. Recorre las diversas ciudades, calles y barrios de ese país, que vienen a ser tu *feed* de noticias, los grupos a los que perteneces, tu perfil, tus listas de amigos o seguidores, tus mensajes privados, etcétera.

Mientras recorres estos espacios digitales, presta atención a lo que observas, oyes y sientes. Usa todos tus sentidos para escanear el lugar y calibrar la calidad de su energía. Tal vez haya calles y barrios luminosos y positivos, pero algunas esquinas y rincones parecen sucios y turbios. Tal vez haya transeúntes; ¿qué aspecto tienen y qué dicen? ¿Te gusta estar ahí? Mientras exploras estos espacios digitales, toma nota mentalmente de lo que es necesario limpiar.

4. Tras identificar las zonas y las personas que es necesario limpiar en estos espacios digitales, usa uno o varios procedimientos de limpieza de la segunda parte del libro para purificar el espacio. Puedes invocar a los dragones de fuego para quemar la toxicidad, extender una red etérica para atrapar a los trols, invocar a los silfos para que eliminen con su aspiradora las manchas y telarañas etéricas, o proyectar una llama violeta sobre el espacio para transformar la energía negativa en luz pura.

5. Cuando sientas que el espacio está limpio de negatividad, usa una o varias de las técnicas de limpieza de la tercera parte del libro para levantar un escudo amplificador, repelente o transmutatorio en el espacio. Lo ideal es combinar escudos amplificadores y repelentes o amplificadores y transmutatorios para garantizar que la energía se mantenga elevada y que tú también estés fuertemente protegido para repeler la negatividad.

6. Cuando termines de limpiar y proteger el país digital que has elegido, pasa al siguiente y repite el procedimiento hasta que tu mundo digital despida luz y alegría.

7. Antes de salir del estado meditativo, no olvides dar las gracias a los guías espirituales que has invocado y pedirles que mantengan los escudos durante el tiempo que necesites.

Puedes descargar una versión ampliada de esta meditación en audio (en inglés) en GeorgeLizos.com/PYL.

Amuletos y talismanes digitales

Del mismo modo que puedes llevar un amuleto o un talismán para repeler o potenciar la energía, también puedes utilizarlos en el mundo digital para que ejerzan el mismo efecto en tus plataformas de redes sociales. Dado que estamos trabajando en la dimensión digital, no se trata de amuletos y talismanes físicos, sino digitales.

Hay dos maneras de abordar esto:

- Puedes compartir una fotografía de un amuleto o talismán a través de un *post* en el portal de la red social que elijas. Esto lleva la intención protectora de estos elementos a la dimensión digital, extendiendo su poder de protección desde el espacio físico al virtual.
- También cabe la opción de convertir cualquier fotografía, vídeo e incluso el texto de un *post* en un amuleto o talismán. Lo importante es que elijas una fotografía, un vídeo o un texto que lleve implícita la intención que deseas impregnar en el espacio digital. Por ejemplo, si las montañas te dan fuerza y te empoderan, puedes compartir una fotografía de una montaña que te genere esas sensaciones y poner la intención en que sirva de escudo energético para repeler la negatividad. Si tienes alguna cita, frase positiva u oración que te haga sentir seguro e invencible, puedes compartirla con la intención de repeler la negatividad o reforzar las defensas áuricas naturales de tu espacio digital.

Estas son algunas de las innumerables posibilidades que existen para crear amuletos y talismanes digitales, pero la clave de su eficacia es la intención que pongas al compartirlos. Antes de compartirlos, es importante que dediques unos minutos a impregnarlos con tu intención protectora con el fin de imbuirla en el *post* y ver cómo propaga su luz en el espacio digital.

Limpieza y protección táctil

Dado que tu cuerpo es tu herramienta de protección energética más poderosa, puedes utilizarlo para limpiar y proteger los espacios digitales en los que interactúas. La limpieza y protección táctil consiste en recurrir a tu poder para limpiar y proteger la energía y posteriormente transmitir esa energía e intención a tus portales de redes sociales de una manera táctil con la tecnología que empleas para acceder a ellas. De manera similar a un ritual de limpieza del espacio digital, te vales de los procedimientos que has aprendido en este libro para limpiar y proteger los países digitales de tus redes sociales, pero, en vez de acceder a ellos por medio de la visualización, lo haces con tus dispositivos.

Sigue los siguientes pasos para realizar una limpieza y protección táctil de tu presencia en las redes sociales:

1. Cierra los ojos y entra en estado meditativo. Tómate tu tiempo para centrarte, enraizarte y conectar con tu poder de protección según las indicaciones del capítulo ocho.
2. Focalízate en el chakra del plexo solar, el centro de tu fuerza y poder, y visualiza cómo su luz dorada se propaga e intensifica cada vez más con cada una de tus respiraciones. Permite que la luz se proyecte a través de tu cuerpo hasta envolverte por completo.

3. Tras abrir la página de la red social que hayas elegido en tu teléfono móvil, tableta u ordenador, pon tu intención al extender el dedo índice de tu mano dominante hacia la pantalla y visualiza cómo la luz dorada se proyecta desde tu dedo y traspasa la pantalla para bañar el espacio digital. Esta luz dorada, la esencia de tu fuerza y tu poder, posee la habilidad de limpiar y proteger tus espacios digitales. Con el ojo de tu mente, visualiza cómo esa luz se propaga por las diversas ciudades, calles y barrios de tus portales de redes sociales para limpiarlos y protegerlos.

4. Si quieres incorporar más escudos protectores, puedes colocar uno amplificador, repelente o transmutatorio y visualizar cómo la luz que irradia de tu dedo penetra en los espacios digitales.

5. Cuando hayas limpiado y protegido todos los portales de tus redes sociales, expresa tu gratitud y finaliza el proceso.

Conclusión: realiza el trabajo

Queda un último paso de protección energética, pero, antes de compartirlo contigo, hagamos un breve repaso de lo que has conseguido hasta ahora. Por encima de todo, no solo has decidido abordar tu protección energética de una manera proactiva, sino que has llegado hasta el final. Según las investigaciones, aproximadamente el sesenta y dos por ciento de las personas que empiezan a leer un libro no llega al final,[11] pero tú no figuras entre ellas. Has llegado al final. ¡Bien hecho! Te mereces una palmadita en la espalda, así que adelante, dátela tú mismo.

En el viaje que hemos realizado juntos en este libro, has conocido los tipos de ataduras energéticas que pueden ensuciar tu energía, has aprendido a identificarlas, te has liberado de ellas por medio de una serie de procedimientos de limpieza energética y has reforzado tu campo energético con escudos amplificadores, repelentes y transmutatorios. Además, has desarrollado tus habilidades recién adquiridas para abarcar los espacios digitales en los que interactúas y has creado un entorno seguro para tu presencia en el mundo real y en el virtual.

Concretamente, hasta ahora has realizado seis de los siete pasos del proceso de protección energética: centrarte, enraizarte, conectar, identificar, limpiar y proteger. Es necesario abordar el último paso, el más importante con diferencia, porque de no hacerlo se podría poner en peligro la totalidad del proceso: realizar el trabajo.

Realizar el trabajo

He aquí la verdad acerca de cualquier modalidad de sanación energética: solo funciona en la medida en que *tú* estés dispuesto a realizar el trabajo. Cuando limpias y proteges tu energía, provocas un cambio en tu cuerpo energético. Seguidamente, este cambio energético trasciende tus cuerpos emocional, mental y físico, y te brinda la oportunidad de realizar cambios también en estos niveles de tu ser.

Al mismo tiempo, tu cambio energético envía una señal al universo para anunciar que ahora eres una persona diferente; esto atrae hacia ti a individuos y circunstancias que te brindan otra oportunidad para realizar cambios palpables en tu vida.

La palabra clave en ambos casos es *oportunidad*: de ti depende aprovechar estas oportunidades en tu beneficio o desperdiciarlas y quedarte estancado y paralizado. La primera opción es precisamente en lo que consiste la realización del trabajo.

Veamos con más detenimiento las dos fases de este proceso.

La crisis de sanación

Una *crisis de sanación* (o crisis curativa) es un breve empeoramiento de tu estado físico, mental y emocional antes de producirse un cambio positivo. Su duración oscila entre dos días y un mes, en cuyo periodo puedes experimentar cambios de humor, pensamientos perturbadores o depresivos y síntomas gripales. Una crisis de sanación es la consecuencia de un cambio en tu energía porque tu mente, tus emociones y tu cuerpo también necesitan adaptarse a ese cambio. Básicamente, la limpieza energética afecta a tu cuerpo energético y tu aura, que son extensiones de tus cuerpos mental, emocional y físico. Aunque la limpieza surte un efecto inmediato a nivel energético, el cambio en todo el sistema tarda cierto tiempo en producirse.

El empeoramiento a corto plazo de tu estado se produce porque, mientras tiene lugar este proceso, puede que necesites purgarte de pensamientos, emociones, creencias, hábitos y toxinas del pasado que no se hallan en consonancia con tu nuevo estado. Al final de este periodo de purga, tras desprenderte de las ataduras energéticas de todos los planos de tu ser, finaliza la crisis de sanación y mejora tu bienestar.

La trampa en la que mucha gente cae durante esta primera fase del proceso es resistirse a la crisis de sanación. Al pensar que probablemente el proceso de protección energética no ha funcionado, entorpecen la purga de pensamientos y emociones limitantes, lo cual los hace más acuciantes si cabe. Desafortunadamente, a la mayoría de los que vivimos en el mundo occidental nos inculcaron que expresar las emociones negativas es una señal de debilidad, por lo que obstaculizamos el proceso que nos permite desprendernos y liberarnos de la negatividad.

Así pues, tu reto en la crisis de sanación es ser consciente de los pensamientos, emociones, creencias, hábitos y toxinas limitantes que surgen y darte espacio a ti mismo para llevar a cabo este proceso. Hay muchos otros procedimientos y estrategias que pueden ayudarte a gestionar una crisis de sanación. Escribir en un diario, la técnica de liberación emocional (*tapping*), la terapia del espejo y darme una buena pasada de llorar son algunos de mis favoritos.

La gente experimenta la crisis de sanación de diferente forma y en diferentes grados. Algunas personas la viven de una manera intensa y catártica, mientras que para otras es tan leve que resulta prácticamente inapreciable. Por tanto, en vez de tener expectativas acerca de lo que deberías experimentar, sé consciente de las posibilidades y presta atención a tu estado día a día para que, cuando se te presente la oportunidad de purgarte, no la dejes pasar.

Materializar el cambio

Tras realizar la purga de todas las ataduras energéticas de todos los niveles de tu ser, el último paso del proceso consiste en reflejar tu trabajo energético en el mundo real. A menudo esperamos demasiado del trabajo energético que realizamos. Sí, el trabajo energético es poderoso y puede ayudarnos a llevar a cabo cambios sumamente positivos en nuestra energía y forma de pensar, pero estos cambios energéticos solamente serán palpables si salimos al mundo y los materializamos.

Poco después de terminar de limpiar tu energía, y posiblemente mientras estés sufriendo una crisis de sanación, el universo te brindará oportunidades para ayudarte a reflejar en tu vida los cambios energéticos que has realizado. Tal vez recibas la llamada de un amigo con quien tienes previsto cortar el cordón de apego, te animes a realizar cambios saludables en tu dieta, sientas el impulso de tomar otro rumbo profesional, te inviten a asistir a una charla sobre algo, etcétera. Cuando se te presentan estas oportunidades, la responsabilidad de actuar recae en ti.

Es verdad que para nadie es plato de buen gusto mantener una conversación incómoda para romper una amistad, el trasiego que implica mudarse de casa o la incertidumbre que genera emprender un nuevo camino, pero estos cambios son necesarios para terminar tu viaje de protección energética. Si te limitas a realizar el trabajo energético sin completarlo con el trabajo en la vida real, saboteas la totalidad del proceso y te quedas atrapado en un círculo vicioso de negatividad del que no puede sacarte ningún procedimiento ni guía espiritual.

Recuerda el mantra que he repetido a lo largo del libro: tú eres quien tiene el poder de proteger tu energía, y esto se aplica, más allá del mundo energético, al mundo físico también. Las personas tóxicas no desaparecerán a menos que dejes de mezclarte con ellas; seguirás suscribiéndote a patrones de pensamiento negativos a menos que tomes conciencia de tu proceso cognitivo y los espíritus inferiores seguirán acechándote hasta que construyas un entorno positivo a tu alrededor.

Aunque experimentar el trabajo de limpieza energética en el día a día al principio puede ser difícil e incómodo, con la práctica te resultará cada vez más sencillo. Con el tiempo, a medida que aceptas el desasosiego y el trastorno que al principio te genera el cambio, te engancharás a la libertad y la transformación que te aporta y lo recibirás de buen grado en vez de evitarlo.

Cómo avanzar

Hay varias opciones para avanzar a partir de aquí. Si has optado por leer primero el libro antes de poner en práctica los procedimientos, es hora de que saques tu diario, elijas tu rincón para meditar y te pongas manos a la obra. Descarga la hoja de repaso de *Protege tu luz* (GeorgeLizos.com/PYL) para hacer un seguimiento de tus progresos.

Si has realizado los procedimientos y las meditaciones conforme has ido leyendo el libro, he aquí tu siguiente plan de acción:

1. **Repasa los tipos de ataduras energéticas:** el conocimiento es poder, así que cuanto más consciente seas de las diversas ataduras energéticas que pueden adherirse a tu aura, más capacidad tendrás para identificarlas y protegerte de ellas. Tal vez sea conveniente imprimir la hoja

de repaso de protección energética y tenerla a mano para consultarla conforme te surjan dudas.

2. **Domina tus habilidades de escaneo psíquico:** para protegerte adecuadamente de ataques energéticos, es esencial realizar un escaneo como es debido. Por supuesto, puedes limpiar tu energía antes de identificar lo que hay en ella, pero es muy probable que se te pase algo por alto. Si eres neófito en el escaneo psíquico de energía, dedica más tiempo a realizar la meditación para activar tu visión de 360 grados que figura en el capítulo once con el fin de refinar tus habilidades.

3. **Elije tu práctica de protección energética diaria:** tu práctica no tiene por qué ser larga o complicada; basta con que elijas el procedimiento de limpieza y protección que mejor te funcione y tengas constancia para ponerlo en práctica a diario. Cuanto más lo hagas, más te acostumbrarás a él y antes conseguirás limpiar y proteger tu energía. Te sugiero que optes por uno o dos procedimientos de limpieza que puedas llevar a cabo a diario para limpiar múltiples tipos de ataduras energéticas y que dejes los procedimientos más avanzados para ocasiones especiales o para casos serios de ataques energéticos. En lo que respecta a la protección, basta con superponer un escudo amplificador y otro transmutatorio para mantenerte a salvo de prácticamente cualquier ataque energético y luego usar los escudos repelentes que sean necesarios.

4. **Ten constancia en el trabajo de protección energética:** recuerda que el trabajo no termina en el cojín de meditación; ahí es donde empieza. Esforzarte en crear espacio para purgar tus emociones y realizar cambios tangibles que te ayuden a materializar tu trabajo energético debería

ser una práctica diaria. Al principio te resultará trabajoso, pero cuanto más practiques, más cómodo te resultará y llegará un momento en el que disfrutarás de la libertad y transformación que te aporta.

5. Por último, pero no menos importante, **plantéate tu práctica de protección energética como algo gratificante**. Sé que el aprendizaje de la diversidad de formas en las que la energía te puede afectar negativamente puede inquietarte e incluso asustarte, pero cuanto más trabajes, más cómodo y seguro te sentirás. Y, si en un momento dado te vence el miedo, ten presente que eres un poderoso ser espiritual y que tienes el poder para protegerte. Usa la meditación del capítulo ocho para reconectar con tu poder de protección y, una vez que te sientas seguro y sereno, realiza el procedimiento de protección energética completo.

Con el tiempo, a medida que limpias tu energía y elevas tu vibración con constancia, atraerás cada vez menos ataques energéticos. Crearás una burbuja de atracción positiva hacia individuos, situaciones y circunstancias acordes con la persona de alta vibración en la que te has convertido. A partir de ahí, tu objetivo de protección energética no se centrará tanto en la limpieza de ataduras energéticas, sino más bien en mantener y expandir el maravilloso mundo que has creado para ti.

NOTAS

1. Van der Kolk, B. (2015). *El cuerpo lleva la cuenta: cerebro, mente y cuerpo en la superación del trauma* (M. Foz Casals, trad.). Elephteria. (Obra original publicada en 2014).
2. Emoto, M. (2021). *Los mensajes ocultos del agua* (R. Heredia Vázquez, trad.). Aguilar Fontanar. (Obra original publicada en 2004).
3. Hall, J. (2020). *Crystals for Energy Protection.* Hay House.
4. Yogi Bhajan (2017). *El maestro de la Era de Acuario: capacitación internacional de Kundalini Yoga como lo enseñó Yogi Bhajan por KRI. Primer Nivel.* Asociación Española de Kundalini Yoga. (Obra original publicada en 2005).
5. Hecht, L. (mayo-junio de 1988). «Mysterium Microcosmicum: The Geometric Basis for the Periodicity of the Elements». *21st Century Science and Technology* (18); Moon, R. J. Entrevista con Carol White (en dos partes), (30 de octubre de 1987). *Executive Intelligence Review* 14 (43) y (6 de noviembre de 1987) *Executive Intelligence Review* 14 (44).
6. Brockhurst, K. (2019). *Social Media for a New Age 2: A Digital Self-Care Guide. The Next Phase: 2020 and Beyond.* That Guy's House (versión Kindle).
7. Ferrara, E. y Yang, Z. (6 de noviembre de 2015). «Measuring Emotional Contagion in Social Media». *PloS One 10* (11). https://doi.org/10.1371/journal.pone.0142390.
8. Steinert, S. (21 de julio de 2020). «Corona and Value Change: The Role of Social Media and Emotional Contagion». *Ethics and Information Technology.* http://doi.org/10.1007/s10676-020-09545-z.

9. Zuckerberg, M. (12 de marzo de 2021). «A Privacy-Focused Vision for Social Networking». *Post* en Facebook. www.facebook.com.

10. Eyal, N. (2020). *Enganchado (Hooked): cómo construir productos y servicios exitosos que formen hábitos* (A. Osorio, trad.). Sunshine. (Obra original publicada en 2014).

11. Departamento de investigación de Statista (9 de julio de 2013). «When Do You Abandon a Book». https://www.statista.com

Agradecimientos

Al dios Apolo: gracias por inspirarme y por escribir este libro a través de mí. Es un honor tenerte como guía y seguir tu camino.

A Diana Cooper: gracias por creer en mí y por escribir el prólogo más mágico y sentido para presentar este libro al mundo.

Gracias a Rebecca Campbell, Emma Mumford, Danielle Paige, Victoria Maxwell, Yasmin Boland, Shannon Kaiser, Gala Darling, Lisa Lister, Dougall Fraser, Sophie Bushford, Amber-Lee Lyons, Amy Leigh Mercree, Cael O'Donnel y Katie Brockhurst por vuestros generosos comentarios y vuestro apoyo.

¡Gracias a la talentosa Leah Kent por ayudarme a transmitir el mensaje del libro con esta impresionante cubierta!*

Gracias a Katie Brockhurst por ayudarme a entender los entresijos del mundo digital en nuestras entrañables conversaciones y en su libro *Social Media for a New Age*.

Mi agradecimiento a Amy Leigh Mercree; a mi agente, Lisa Hagan; a mi editor, Michael Pye, y a Maureen Forys, Rebecca Rider y todo el equipo de Hampton Roads por su confianza en mí y en este libro.

A mis amigos Val, Sargis, Marianna, Katerina, Emma y Hannah: gracias por vuestro infinito e incondicional apoyo mientras lo escribía.

A ti, lector y lectora: gracias por proteger tu luz a toda costa y canalizarla en tu propósito de crear un mundo mejor.

---

* El autor se refiere a la cubierta de la versión original en inglés.

Sobre el autor

George Lizos es un maestro espiritual y sanador intuitivo apasionado por ayudar a los trabajadores de la luz a perseguir su propósito de crear un cambio positivo en el mundo. Es el autor superventas de *Lightworkers Gotta Work* y *Be the Guru,* fundador de la Intuition Mastery School® y anfitrión del pódcast *The Lit Up Lightworkers*.

George ha recibido el reconocimiento de los Health Blog Awards entre los cincuenta mejores *influencers* en materia de salud y bienestar. Ha publicado artículos en las revistas *Soul & Spirit, Watkin's Mind Body Spirit* y *Kindred Spirit*. Tiene la diplomatura y licenciatura en Ciencias Metafísicas, la diplomatura en Geografía Humana con la especialidad de Geografía Sagrada, un máster en Psicología y es sacerdote del politeísmo helénico.

Reside en Chipre, desde donde dirige una dinámica comunidad *online* internacional de *émpatas*, trabajadores de la luz y líderes espirituales a través del grupo de Facebook Your Spiritual Toolkit, en el que ofrece directrices a diario e imparte talleres transformacionales enfocados a superar los bloqueos que nos mantienen estancados y nos impiden perseguir nuestro propósito sin temor.

www.georgelizos.com
www.yourspiritualtoolkit.com
Instagram @georgelizos

Trabaja conmigo

Consigue herramientas cada semana

Descarga GRATIS mi guía *Discover Your Life's Purpose* para encontrar y definir el propósito de tu vida en dos párrafos. También recibirás mi boletín de noticias semanal con más herramientas y directrices. Consíguelo en georgelizos.com/lifepurpose.

Trabaja conmigo

Si has disfrutado de este libro y quieres profundizar, consulta mis cursos, meditaciones y sesiones privadas *online* en georgelizos.com/work-with-me.

Consigue apoyo

Conoce a otros trabajadores de la luz, disfruta de charlas de maestros invitados y participa en talleres exclusivos en mi grupo privado de Facebook, Your Spiritual Toolkit.

Inspírate

El pódcast *The Lit Up Lightworker* ofrece entrevistas con destacados maestros espirituales. Completarás tu juego de herramientas espiritual con su sabiduría y directrices, que te ayudarán a perseguir tu propósito y contribuir a la ascensión del planeta. Está disponible en iTunes, Spotify, Stitcher y TuneIn.

Mantente en contacto

Ponme al corriente de todos los detalles de tu experiencia de protección de tu luz en Instagram (@georgelizos).